吉林省企业科技创新动力机制研究，吉林省科技厅项目，编号：3
用协同创新机制研究，吉林大学基本科研业务费哲学社会科学研究
2015ZZ053；东北区域现代农业发展研究，吉林大学新农村建设

经济管理学术文库·经济类

东北区域现代农业发展案例集

Classic Cases of Modern Agricultural Development in Northeast China

潘 鸿　王福林／著

经济管理出版社

ECONOMY & MANAGEMENT PUBLISHING HOUSE

图书在版编目（CIP）数据

东北区域现代农业发展案例集/潘鸿，王福林著. —北京：经济管理出版社，2017.9

ISBN 978-7-5096-5299-2

Ⅰ. ①东…　Ⅱ. ①潘… ②王…　Ⅲ. ①现代农业—农业发展—研究—东北地区　Ⅳ. ①F327.3

中国版本图书馆 CIP 数据核字（2017）第 203547 号

组稿编辑：杨国强
责任编辑：杨国强　张瑞军
责任印制：黄章平
责任校对：熊兰华

出版发行：经济管理出版社
　　　　　（北京市海淀区北蜂窝 8 号中雅大厦 A 座 11 层　100038）
网　　址：www. E-mp. com. cn
电　　话：（010）51915602
印　　刷：北京玺诚印务有限公司
经　　销：新华书店
开　　本：720mm × 1000mm/16
印　　张：13
字　　数：212 千字
版　　次：2017 年 9 月第 1 版　2017 年 9 月第 1 次印刷
书　　号：ISBN 978-7-5096-5299-2
定　　价：58.00 元

自　序

　　2004~2017 年，连续十四年的"中央一号"文件都聚集"三农"，表明我国政府对"三农"问题的重视。发展现代农业自 2007 年"中央一号"文件提出也有很多年，但似乎进展不大。然而，近几年新农村建设的改建及城乡一体化的推进，制度、科技和品牌等投资红利的涌现，为现代农业的发展提供了足够的空间。首先，农业跨界运营成为一种热潮，京东、网易、联想、恒大等商界大佬纷纷涉足农业，不但带动大量资金涌入农业，而且更重要的是商界大佬自身的核心能力也被"嫁接"到农业领域，其示范效应更进一步助推农业领域的投资热潮。其次，农村第一、二、三产业融合发展已具备条件，成为一种趋势。2016 年 12 月 8 日，从国家发改委、农业部、财政部、国土资源部、工业和信息化部五部门联合召开的新闻发布会获悉，2016 年前三季度，全国固定资产投资增长 8.2%，而农业投资增幅高达 21.8%，其中主要是民间投资，且主要投向农村第一、二、三产业融合发展领域，我国当前农业生产结果已发生了大转变，从生产出来的是农产品到多种产品，如工艺品、创意产品、旅游产品、农业地产等的结合。最后，在中国消费升级的大背景下，消费者对绿色健康、安全、高品质农产品的需求持续高涨，农业产业开始加速向规模化、标准化、集约化和品牌化发展。可以说，中国的现代农业迎来了新的发展阶段。

　　中国地大物博，丰富的地理环境、不同的文化背景和复杂多样的气候条件决定了各地区迥异的现代农业发展模式。东北区域优势明显，工业化基础好，有辽阔富饶的土地资源，适宜机械化耕种，发展现代化农业的条件优越，是我国最大的商品粮基地。基于上述特点，土地规模化经营、农业机械化效率、农业科技创新、农业技术推广、产学研协同、家庭农场及农民合作社等新型经营主体培育、农业可持续发展、粮食安全、农业扶持政策效果、农业产业结构调整等问题，可以说是东北区域发展现代农业过程中值得研究的典型问题。

之所以选择以案例集的形式描绘东北区域现代农业发展问题，是因为2016年4月我参加了加拿大西安大略大学毅伟商学院陈时奋教授主讲的案例教学与写作培训班，深切感受到案例教学的魅力及一个好的案例对研究的影响力。因此，决定尝试将所熟悉的一些典型案例结集出版。本书中，有些案例是我带领学生进行实地调研过程中带给我们震撼的新模式，如盘锦的认养农业、宜居乡村建设、哈尔滨宾县的产业融合模式、国信集团跨界发展科技型农业企业，陈家店村模式；有些案例事件是我们亲自参与了扶持或咨询，如公主岭吉农养殖合作社的发展、龙井"桃源情"生态休闲家庭农场的发展、东师农牧业有限公司的全产业链发展、辉南三和农场的生态循环农业建设方案、吉林省舒兰市废弃物资源化利用方案等，希望本书中的案例可以为本科生和研究生的教学或相关科研提供参考。

我的研究生潘勇、任亮、赵丹、屈敬然、吴志全、黄博文及本科生陈纪翔、钟晓辉、蒋壮、林莉丽参与了实地调研及部分案例的撰写工作，由我和王福林副研究员完成全书的统稿工作。

本书的完成要感谢许多人。感谢国信农业的杨柏鸣总经理、陈家店村的文兴盛书记、东师农牧业公司的刘启斌总经理多次不厌其烦地为我们介绍情况，感谢盘锦市大洼区"宜居乡村"建设办公室主任苑琳琳、黑龙江省农业科学院助理研究员李佳峰亲自讲解并陪同我们完成多日的调研工作。

感谢提供参考文献的各位作者及提供参考数据的各级政府部门。

本书肯定存在许多不足，希望得到更多的意见和建议。

潘　鸿

2017 年 6 月 18 日于长春

目　录

院市合作助力农业技术推广

——黑龙江省现代农业示范区建设

案例概要： 推进农业供给侧改革，提升农业发展综合效益的根本出路在于科技化发展，2016 年，虽然我国农业科技成果的转化率已达到 56%，但仍然远落后于世界平均水平，黑龙江省作为我国现代农业发展的先驱力量，有必要对农业科技成果转化的新模式、新机制进行理论探索。对此，黑龙江省开展院市合作进行现代农业示范区建设，形成产学研推广现代农业的发展模式，促进农业科技成果集成，推进农业机械化与产业化建设，形成生态农业示范效应。

案例主题词： 院市合作；农业技术推广；示范区；黑龙江

1 前言

2010 年，黑龙江省哈尔滨市政府协同黑龙江农业科学院，共同打造黑龙江省现代农业示范区（以下简称为示范区）。农业科技示范区的建设是现代城市及市场经济发展的必然产物，其主要目标是实现农业高科技产品的示范与推动科技成果转化，从而带动周边农村经济的发展，实现农民增收、农业增产、农村条件改善。对现代农业先进技术和成果进行示范、推广不仅展示了农业科技成果，更展示了现代农业科技园区的新型经营方式，为农民提供了新信息、新技术，开拓农业发展新思路。黑龙江是我国的粮食生产重地，作为农业科技创新推广的主要传播媒介，现代农业示范区有着举足轻重的地位。示范区通过构建产学研链条，以期通过其本身示范带动作用，凝聚农民核心力量共同打造黑龙江省现代农业发展格局。

2 示范区情况简介

　　黑龙江现代农业示范区坐落于哈尔滨市道外区民主镇光明村和新立村两村之间东巨路段，占地面积 8412 亩，由黑龙江省农业科学院和哈尔滨市政府共同建设。根据规划，示范区确立"科技创新、示范辐射、科技培训、研发孵化、生产加工、环境友好、旅游观光、体验农业"八大功能定位，按照"一个景观轴""一个综合服务中心"和"八大功能区"结构布局进行建设（以下简称一轴、一心、八区）。其中一轴为鸭子沟，作为功能轴将示范区分成南北两大作业区；一心为综合服务中心；八区占地面积 558.48 公顷，分别为农业科技创新区、国际合作交流区、生态农业试验区、循环农业示范区、水资源高效利用区、农业新成果展示区、优质农产品加工区、农业科普体验区八大功能区。2013 年，经过院市两级的合力推进，示范区建设已初步完成。投资 9 亿元、占地面积 8412 亩的示范区是目前国内集中建设面积最大的现代农业示范区，也将是国内最先进的农业生产技术集中中心。现代农业示范区不仅是农业科技创新的基地，还是市民休闲度假的景点。其中科技创新成果和农业高新技术可辐射人口 3000 万人，不仅能够提高农业科技水平，还能带动农民年增加收入 25 亿元，年增产粮食 50 亿千克，仅生产季节即可直接带动农民就业 1000 人。同时，示范区里将展示农作物品种 1300 余个，每年预计接待科普观光人员 30 万人次。

　　示范区建设是现代农业发展的抓手，农业科技创新的平台，也是黑龙江省市领导靠前指挥现代农业的阵地，农业科技国际合作交流的窗口，还是优质农产品物流信息流的集散地，广大农民接受科技培训的绿色课堂。示范区建设探索出城乡一体化科学发展新模式，走出一条科技引领现代农业发展的希望之路，为引领黑龙江发展现代化大农业，焕发黑龙江大农业优势，提高科技创新能力和成果转化，推动地方经济发展，带动农民增收，促进城乡共同进步和新农村建设提供科技保障及战略支撑。

图1 黑龙江现代农业示范区实地图

3 示范区发展历程及建设状况

中央政治局委员、国务院副总理汪洋在黑龙江调研时强调："要充分发挥市场作用和制度优势，加快推进中国特色现代农业建设，现代农业示范区是推进现代农业建设的重要抓手。"在省委、省政府的支持下，经过院市两级的合力推进，示范区建设取得了显著成效。为推动区域经济社会发展和全省现代农业发展发挥了重要的科技支撑和示范引领作用。

3.1 基础建设基本完善

截至2015年，已建设成示范区15千米左右围栏和32.5余千米内外环路网建设，示范区道路美化、绿化和亮化基本完成。

农业建设方面，已对6000多亩一般农田进行了重新规划分区和土地整理，新打田间机电井 95 眼并完成相关田间基础设备建设，同时先后完成了 520 亩设施农业区工程，水田区的渠系硬化及道路硬化工程，南北两大作业区作业室、库房、挂藏室、晒场工程，监控、光纤通信和地源热泵工程，农村能源所和农化中心的中试基地工程，鸭子沟调水湖工程，植物工厂工程等建设。投资 2000 余万元组建了现代农业农机专业合作社，建设农机库棚 2000 多平方米，大型农机具在科研生产及为农服务上已发挥了重要作用。

培训中心位于设施园艺区，是示范区的培训中心也是会议中心，由黑龙江农业科学院大庆分院负责规划建设，配备会议室、办公区和休息区，2012 年以来先后接待国内外院士、专家学者 300 余人次。

3.2 科研工作全面展开

育种、栽培、植保、土肥等科研工作全面展开，示范区培育新品种 100 多个，每年示范展示农作物 52 种计 1370 个，种植资源、品系 10 万余份，展示新技术 83 项。示范区成为科技共建和农民培训的重要平台，累计印制农业新品种、新技术等科普小册子 3000 本，发放给广大农民。开展培训达到 45 场，培训农民、基层科技人员达 2 万人次以上。乡级培训班 3 期，村级培训班 15 期，培训农民 2740 人次，指导农户 1.5 万人次，新闻媒体科技讲座 5 期，印发宣传资料 5 万份；组织全省院县共建县（市、区）种养殖大户及农民到示范区观摩学习指导，接待农户 1.2 万人次。

3.3 开放办园日趋活跃

国务院法制办、国家审计署、农业部、国土部、科技部、中组部人才局、国务院参事团等国家部委有关领导、专家 140 人次前来检查指导；各兄弟省份的科研院所和知名专家 300 人次相继前来参观指导；接待美国、俄罗斯、瑞士、挪威、荷兰、韩国、日本等国际知名团体、学者及专家 200 多人次；2014 年相继承办全国妇联培训班 125 人、农业部基层推广人员培训班 150 人、院士龙江行 200 余人次及省妇联培训班 100 人等的大型活动；承担兰西县县委班子及种粮大户 600 人的田间博览和观摩学习活动；举办各县女村官 80 余人的参观学习活动以及全省院县共建现场会等大型接待活动。据统计，2014 年示范区完成重大会务及接待 116 场次，接待 3220 人次。为此，在示范区核心位置，由黑龙江农业科学院大庆分院承建了培训中心，作为院士等高层专家工作、交流、休息以及各类大型会务、布展、汇报座谈及参观接待的重要基地，助推示范区功能升级和科技创新能力的提升。

3.4 农民得到妥善安置

对于示范区失地农民，一次性缴纳 1.27 亿元为其办理养老保险以解决被征用土地农民的后顾之忧；采取"以劳代训"为其提供就业岗位；在示范区建设中国农民大学，方便农民学习农业相关知识以拓宽就业渠道，农民由此实现收入增长 500 万元左右。

3.5 发展战略得到提升

在中央和地方的高度重视下，示范区已被列为省委、省政府重点项目予以推进，并作为哈大齐工业走廊第六园区加以实施，已确定为科技部"哈尔滨国家级现代农业科技园区"核心区，国土资源部以示范区项目为全国首个试点，将示范区用地通过"只征不转"的形式一次性转为农业科研用地，并有多个机构与院校正式入驻，包括"中韩农业合作园"，已获国台办批准的"黑龙江海峡两岸农业科技合作中心""中国科学院北方粳稻分子育种联合研究中心""中国农科院研究生院黑龙江分院""中国农民大学"等。

表 1 黑龙江农业示范区发展历程重大事项一览

时　间	建设内容
2010 年	同济大学对示范区进行前期规划设计，哈尔滨工业大学建筑设计院进行深度详规及修建性详规设计
2010 年底	哈尔滨市政府与农科院联合启动项目建设
2010~2011 年	项目坚持边建设边生产，边规划边科研的目的，初步完成 6000 亩创新基地土地的整理和区划
2011 年 3 月	黑龙江现代农业示范区自开工建设以来，投入巨资实现了"黑土搬家"，是中国北方低温地区第一次实现这一现代科学方法保护黑地的农业示范区
2011 年 6 月	全国人大常委会副委员长吉炳轩示范区现场办公，对示范区建设给予了充分肯定，同意成立示范区管委会，要求我们把示范区建成展示园、试验园和培训园，决定将示范区建设上升到省委层面，作为哈大齐工业走廊的第六个园区，享受所有相关政策

时　间	建设内容
2011 年 8 月	中俄国际大豆科学研究中心、中俄国际植物保护科学研究中心、中国农科院研究生分院、中国科学院北方粳稻米分子育种联合研究中心、中国农民大学黑龙江分院等 21 家国家级农业科研院所已经入驻该园区，科研工作已经展开，涉及项目超过 1000 个，多家科研单位的试验项目已经获得成功
2012 年 9 月	哈尔滨现代农业示范区引进计算机控制系统培育蔬菜，在完全封闭环境下由计算机控制调节蔬菜生长发育所需的温度、湿度、光照强度等环境。蔬菜不受季节和病虫害影响，能够达到有机蔬菜标准，培育出的蔬菜不到 30 天便可上市
2013 年 4 月	国务院确定黑龙江省先行开展现代农业综合配套改革试验，为全国农村改革和现代农业发展"趟路子"，黑龙江省随即全面启动了现代农业综合配套改革试验
2014 年 7 月	2014 年 6 月 30 日，国务院副总理汪洋相继来到示范区视察，在参观结束和听取汇报后，充分肯定了示范区建设对发展黑龙江现代化大农业的引领作用和促农增收、实现城乡协调发展的重要意义，高度评价了示范区建设成果，表示中央要在资金、政策等方面给予大力支持，极大地焕发了我院科技人员建设好示范区的积极性
2015 年	黑龙江省创新农业综合开发投入方式，集中推进现代农业示范项目区建设，加快推进现代农业发展

资料来源：笔者根据新闻及实地调研整理。

4　示范区建设成功经验及不足

4.1　示范区建设成功经验

黑龙江省各类现代农业在生产中起到了重大作用，省级农业科技园代表着不同的条件下，农业资源和经济特点与农业产业化的背景，具有各自的特色和优势。黑龙江现代农业示范区是我国最大规模的示范区，在黑龙江农科院和政府的合作下已经基本建设完成，具有带动周边就业、发挥科技引领、推进现代农业的作用。但其中发展从无到有，从规划发展至今，其成功经验值得我们深入思考与探索。

4.1.1　院市联合运营机制促进农业科技成果集成

黑龙江省现代农业示范区由哈尔滨政府和黑龙江农科院联合设计开发，成为全省农业科技的孵化基地、现代农业科技成果集成示范基地。示范区占地 8312

亩地，除少量进行种子使用权出售外，其他土地均用于农科院及各大研究所农业科技实验田。

在农科院的指导下，示范区中作物使用水肥一体化技术进行科学灌溉施肥，运用水肥一体化的新技术借助压力系统或地形自然落差，将可溶性固体肥料或液体肥料，按土壤养分含量和作物种类的需肥规律和特点，配兑成的肥液与灌溉水一起，通过可控管道系统供水、供肥，使水肥相融后通过管道和滴头形成滴管，均匀、定时、定量浸润作物根系发育生长区域，使主要根系土壤始终保持疏松和适宜的含水量，同时根据不同的蔬菜需肥特点，土壤环境和养分含量状况；蔬菜不同生长期需水、需肥规律情况进行不同生育期的需求设计，把水分、养分定时定量，按照比例直接提供给作物。这样不仅省肥节水，省工省力，降低湿度，还能减轻病害，增产高效；示范区内更是引进日本大棚膜，使大棚透光度和透明性强，有效地增加温室内光照，增强作物光合作用。日本大棚膜具有升温快、储热快、保温持久、强度高、抗老化、可连续使用多年不用更换、耐农药性强等优点，还具有抗低温、抗撕裂、抗穿刺、柔韧性好、流滴期长等特性。据示范区人员描述，大棚已使用近三年，且度过了黑龙江最为寒冷的冬季仍保持着良好状态。不仅如此，示范区内使用明凉 30 遮阴网有效地反射红外线，使大棚内既可保持明亮又可降低温度，不管对人还是对物都有利，经久耐用，轻薄便于操作使用，用剪刀就可方便切割，因为反射红外线可防止过时和土壤温度上升，且不会影响农作物的光合作用，如此可提升品质，增加产量。每年展示农作物多达1370 个，种植资源、品系 10 万余份，高新技术 83 项，诸如可达 40 千克的特色西瓜、巨型南瓜。

示范区科技创新区规划面积 319.30 公顷，旱田创新区位于外环路和内环路之间，水田创新区位于园区的西侧。以高标准良田（田成方、路相通、渠相连、旱能灌、涝能排）建设为基础，以现代化装备为手段，突出生物农业——尖端科技引领未来的特征，成为现代农业科技创新源。位于内环路外的东北部，规划面积5.09公顷的成果展示区，以现代化装备为手段，以示范辐射为核心，通过集聚先进生产要素和集成创新，展示农业新成果、新技术，发挥示范辐射优势，成为现代农业发育与成长的源头。

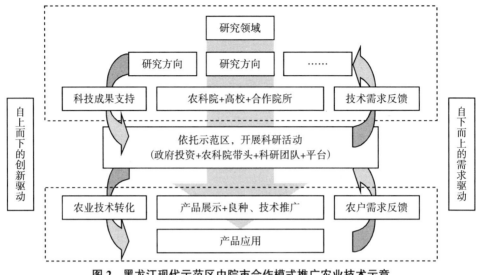

图 2 黑龙江现代示范区中院市合作模式推广农业技术示意

4.1.2 农业科学整合实现机械化与产业化发展

黑龙江省现代农业示范区通过 6000 亩土地整合规划出大量整片土地，示范区通过高标准良田建设，加强农业改造，使有效耕地面积增加，提高土地质量和改善农业与环境建设等一系列设施，增强了旱涝保收、高产、稳产的生态灾害抵抗能力。同时，在示范区建设中进行"黑土搬家"工程，园区内厚达 50 公分的地下黑土层已经被整体挖出，被运送到附近的农作物种植区，利用现代科学的方法使黑土地整体搬家。这不仅依托于示范区的合理整合，更在于相关技术支持。据黑龙江现代农业示范区主任麻晶莉介绍，"黑土搬家"不仅是中国北方低温地区第一次使用这一现代科学方法整体迁移肥沃土壤，而且实现了对黑土地的充分保护和利用。目前，世界现存黑土资源仅剩美国、乌克兰和中国的黑龙江，由于黑土每一百年才能形成一厘米黑土层，而且含有对农作物起着不可替代作用的丰富有机质，所以中国黑龙江的黑土资源显得尤为珍贵。黑龙江现代农业示范区共实现"黑土搬家" 3 万立方米，用于国家定位观测的黑土达到了 5000 立方米，园区内已经实现了黑土土壤的有效利用和黑土资源的科学管理，为示范区建成后充分实现园区功能奠定了坚实基础并在此基础上有效地提高了作物产量。设施农业区占地 36.90 公顷，位于北外环路的内侧。其以突出创意农业——文化提升市场细分的特征，以现代设施建设为基础，通过集聚先进生产要素和集成创新，集约化生产优质、高效、生态、安全、特色农产品，成为现代设施农业的示范基地。

4.1.3 开展生态农业带动周边发展形成示范效应

生态农业休闲观光区占地面积116.87公顷，包括鸭子沟、内环范围及园区西部湿地。保持农业的自然属性，彰显新型农业的现代气息。突出生态农业——返璞归真持续发展、休闲农业——体验参与示范推广的特征，使之成为科普教育、示范推广、体验参与、休闲观光的现代农业景观。示范区开展生态农业不仅改善黑龙江当地经济情况，促进自然的湿地生态体系的构建，吸引大量飞禽筑巢，更会直接带动周边经济发展。示范区建设完成后需要大量劳动力进行农业生产活动和试验田管理工作，由此可解决大量农民就业问题。随着园区的逐步完成，生态农业园逐渐发展观光项目，诸如开放蔬果采摘园，将直接相关产业发展。示范区建设已带动了农民年增加收入25亿元，年增产粮食50亿千克，仅生产季节即可直接带动农民就业1000人。在示范区工作与体验中农民将意识到农业转型的必要性，现代农业发展的迫切性，在高效产能、新型技术的示范作用下，有利于农民提升自身素质，打造新型农民，推进土地流转，建设现代农业。

4.1.4 战略地位提升解决资金、技术投入问题

经济基础决定上层建筑，大多数示范区建设中存在着资金投入不足，示范区建设不够完善的问题。在黑龙江省现代农业示范区的建设中，规划投入资金15亿元解决资金问题，同时在中央和地方的高度重视下，示范区已被列为省委、省政府重点项目予以推进，并作为哈大齐工业走廊第六园区加以实施，已确定为科技部"哈尔滨国家级现代农业科技园区"核心区，国土资源部以示范区项目为全国首个试点，将示范区用地通过"只征不转"的形式一次性转为农业科研用地。随着战略地位的提升和国家的大力支持，示范区才能顺利流转土地，完成中国最大规模的示范区建设。在中央及各级部门的支持下，在政府及农科院的倡导宣传下"中韩农业合作园""黑龙江海峡两岸农业科技合作中心"中国科学院北方粳稻分子育种联合研究中心、中国农科院研究生院黑龙江分院、中国农民大学等正式入驻示范区，为示范区科技研究、新型农业发展打下了坚实的基础。

4.2 示范区建设中存在不足

尽管示范区建设已准确的完成，但在其发展过程中仍存在着不足之处有待改进。为推进示范区未来迅速发展，提出以下几方面不足之处：

4.2.1 园区建造形式缺乏特色

在产业结构上，各类现代农业示范区遍及缺少有特征、有竞赛实力的产品。大多数园区所展现的项目及种类类似、缺少特征，存在产业相同的倾向，黑龙江现代示范区也存在相关问题。如大多园区种植作物相似，采用高标化土地种植方式。由于园区建造时间不长，自我堆集、自我开展的才能弱，因此园区对周边农村地区的农业科技转化、推广遍及和信息传达等方面表现的效果有限。

4.2.2 园区运营市场融合度低

示范区是由政府与农科院合作建立起来的，这种模式适合进行科研项目的开展，但由于商场化运作机制不健全成果转化较慢，所谓论文写在大地里，成果留在农民家，没有得到真正的落实，且由于示范区中商品及种子并未进行过多出售，市场认知度低，种子认知度低，也就意味着科技转化生产力还需时日。

园区用行政手法进行办理，园区的领导及有关人员是由政府或农业部门委派，办理人员的收入与其地点园区的运营情况没有关系，故园区运营中存在着浪费现象，如综合接待室的闲置、农产品较少对外销售与利用等。

4.2.3 示范引领作用尚未全面开启

示范区作为新技术、新成果的孵化地，其科技创新成果一旦在市场上获得认可，将会在一定时期内引起地域性的种植和使用。但实际示范区并不将科技成果公布于市场，且项目的实施与农户需求差距较大，比如示范区是高投入、高技术、高产出、高效益的"四高"发展模式，重展示、轻时效、成果转化率低，农民难以真正效仿。这就使示范区的引领带动作用受到一定制约，同时由于投入时间较短，在各个方面的制约下，尚未给区域带来大力发展。

对农业园区的经济模式、生态模式研究不够。我国倡导创新、协调、绿色、开放、共享五大发展理念。但园区的生态链和产业链不够长，资源配置尚未形成良性循环，园区发展的"经济模式"和"生态模式"还没有真正建立起来。园区虽然采用了温室大棚，也注重园区生态环境的绿化美化，但很少注重资源与能源的多次循环利用，重生态位点建设而轻生态链建设，重产加销的重点环节建设而轻产业链的整体建设，导致园区的整体经济效益不高，生态效益、社会效益不明显，未真正达到辐射周边的引领示范效应。

4.3 示范区未来发展方向

4.3.1 转变面面俱到支持的方式，突出优化产业结构重点

以高标准农田建设为载体，围绕哈尔滨优势主导产业选项立项，重点支持主导产业发展。高标准农田项目重点建设和完善水源工程、灌排渠系、配套田间建筑物、整修农田道路，推进育秧大棚和浸种催芽车间建设，创建高产栽培模式；蔬菜产业项目突出支持绿色有机蔬菜生产，打造绿色有机蔬菜生产与对俄蔬菜出口基地建设新格局；可适当开设菌类食物生产，建设专业种植基地，优先扶持育秧大棚二次利用，构建各具特色的食用菌产业集群；同时，支持具备条件的农民专业合作社申报、建设和管护农业综合开发项目。

4.3.2 开设多元高校科研产学合作机制

除了院地合作，示范区可着力推进校地合作，形成合作方式多元化，信息来源多元化，学术科研能力综合发展的经营氛围。吉林大学农经学科发展历史悠久，在 2015 年学科调整之后更是直接提升了农经专业的学术水平和科研能力。在多年的教学与实践中充分地发挥了管理科学在大农业发展过程中的运营管理、规划咨询作用。同时，农经学科已在三个方向搭建起服务"三农"的平台：一是与吉林省政府发展研究中心、吉林省发改委等政府部门及北京农林科学院等科研院所充分合作，参与规划编制、相关政策研究等；二是与涉农企业横向合作，组织学生参观调研、前往实习、共同研究相关问题等；三是在农村基层建立教学科研实习基地，师生定期前往调研，并向村民开展政策咨询、信息技术服务、指导建立农民专业合作社、开展经管业务技能培训等。在扶助农业生产，转变农业发展方式上具有经验。故可以大力推进"高校+研究院+地方"的三方合作，一方面，应与高校和研究机构组成的一个强大的科研支撑体系，以加强规划区内的产学研紧密协作，通过技术改进、技术攻关和试验研究，不断提高规划区内农业园的农业生产与研发水平；另一方面，政府应积极创造条件，引进专家学者，到当地农业经济示范圈开展新技术、新产品的试验示范，为他们施展才华创造良好条

件，同时为现代科技农业示范区充实了科研、培训、产业孵化等良性循环的园区职能。以最新品种、先进适用的农业生产技术和精细加工技术生产优质精品，以适应和满足市场日益提高的消费需要，使之成为优质、高效、生态、安全、特色农产品生产经营的核心区，将显著提升区域农产品的市场竞争力。

4.3.3 融合示范区市场发展，转变重资金分配轻监督管理的方式

示范区进行农业新技术开发、引进、转化及产业化示范，是样板基地与技术辐射源，作为园区投入和建设主体，应吸引和培育科技型龙头企业；作为核心区的产业化带动基地，按照园区主导产业发展要求进行专业化、规模化生产，以园区主导产业为纽带，涉及并影响到广大农业生产与农村经济区域。适应市场机制，产学研、农科教结合，构建技术引进、转化及推广应用和技术培训的区域科技创新体系。依托市场需求，实行讲究实效，着重提高职工、农民科技文化素质技术培训机制。充分利用园区、高校、科研单位、人才及科技资源，在实地调研下，大力开展对职工、农民的科技培训，提高他们的科技文化素质，适应园区建设发展和市场需要。

切实加强农发资金与项目监管。严格执行项目评审制、工程招投标制、工程监理制、政府采购制、项目竣工验收制等各项管理制度，认真组织项目绩效评价，完善奖优罚劣机制。严格执行县级农发办报账制、国库集中支付制、资金使用公示制，坚决杜绝挤占挪用。在项目建设和资金管理上，下放管理权限，建立监督制约机制，从源头上预防腐败。

综上所述，农业示范区的建设已成为我国农业科技示范推广的重要载体，是科研与生产结合的重要平台，是实现传统农业向现代农业转变的重要手段。研究其可持续发展的对策对促进黑龙江省当地农业发展，充分发挥农业科技，实现龙头带动、盈利、试验、示范扩散、教育培训、旅游观光等功能具有现实和长远意义。

参考文献

[1] 刘玉花. 广西现代农业科技示范区功能定位与可持续发展对策 [J]. 南方农业学报，2011（4）：457-459.

[2] 高雪子. 黑龙江省现代农业示范区发展现状及对策研究 [J]. 黑龙江农业科学，2015

（6）：124-128.

[3] 黄光昱等. 农业高新技术产业示范区的建设成效及发展思考——以湖北省恩施州为例 [J]. 中国农学通报，2010（24）：436-442.

讨论题

（1）什么是院市合作？请结合黑龙江现代示范区的建设谈谈院市合作的优势。

（2）请查阅相关资料，总结农业技术推广的方式并选取一个区域探讨如何结合地方特色开展农业技术推广？

（赵丹、任亮）

民族文化融入
——宾县居仁镇三合村朝族新村建设

案例概要：自实施"十二五"规划以来，县域经济社会发展将进入一个新的阶段。站在这个新的起点上，宾县将按照全省建设"八大经济区"和"十大工程"的部署，继续深入实施"强区、连线、扩城、兴带"战略，努力推进工业园区化、旅游产业化、城乡一体化、农业标准化建设，全力加快富民强县步伐。居仁镇三合村由于人文因素、地理因素等成为县政府的重点建设对象。三合村是由政府统一整合，将分散在七个自然屯的朝鲜族村民集中入住组成的朝族新村。全村共建造传统朝鲜族风格的民居楼，实现了让村民集体上楼，加快土地流转的目标。同时根据村民自身的民族特点，由村政干部带头牵线送年轻人到韩国打工，形成劳务输出资本回流的发展模式，在缓解劳动力剩余问题的同时增加了村民的收入。此外，三合村的二期工程计划发展休闲农业，开发农家乐、朝鲜族文化博物馆、民族美食街等项目。

案例主题词：农村产业融合；就地城镇化；土地流转；朝族新村

1 三合村简介

居仁镇三合村位于宾县居仁镇政府所在地，距宾州镇 16 千米，西邻国家级宾西经济技术开发区，同三高速和哈同公路横贯全境，是全县唯一的一个朝鲜族行政村。全村辖 5 个自然屯，农户 287 户，总人口 1056 人，耕地面积 4168 亩，村民以种植水稻为主。2015 年末，农民人均纯收入实现 21600 元。自 2013 年以来，县委、县政府把居仁朝鲜族风情小镇作为"两区一城"建设的核心点、示范点进行打造，力争把三合村打造成全市乃至全省县城镇化建设的亮点工程、示范工程。三合村建设朝鲜族风格民居 8 栋，商服、学校及幼儿园、老年活动中心和公建，总共 27575.74 平方米。同步推进新区内道路、绿化、亮化、供排水、供暖、电力、通信、有线电视等基础设施建设。全村 287 户中签约农户 178 户，已全部回迁进户。

几年来，三合村在村"两委"班子的正确领导下，呈现出政治安定、社会稳定、经济发展、事业兴旺、人民群众安居乐业的良好局面。农村经济健康持续发展，劳务输出产业不断壮大，利用自身地缘优势，向韩国和日本输出劳务达 346人，劳务收入达 3500 万元，人均增收达万余元。劳务输出已成为三合村村民致富增收的主导产业。

2 发展历程

2.1 发展背景

三合村的耕地 92%为水田，种植水稻是朝鲜族村的优势和特长，但靠仅有的3000 亩水田还不够让村民尽快富起来。而且目前我国新型城镇化发展要求坚持多样性、多元化原则。针对劳动力过剩、土地有限的情况，村党支部经过多次召开村"两委"会议、党员和群众座谈会，最后一致认为：三合村的首要问题是加快土地的流转速度，转移剩余劳动力，只有减少农民，才能富裕农民；土地是有限的，耕作水平的不断机械化，解决了大量劳动力，剩余劳动力越来越多。村党支部根据三合村的民族特色及语言优势，逐步厘清了帮民增收、带民致富的新思路——依托海外亲缘优势转移本村富余劳动力，拉动村级经济快速发展，增加农民收入。三合村党支部抓住这一优势，积极组织村民到韩国和日本打工，从此劳动输出成了三合村的富民强村的主导产业。

2.2 发展历程

20世纪90年代初期，三合村的个别村民开始通过他们在韩国的亲属关系，尝试出国打工找出路。三年后，他们每个人挣了10万元回乡，给村民们很大震动，部分村民纷纷效仿，寻亲靠友出国打工，出现了一批富裕户，村民迅速致富。面对部分村民通过出国打工致富，村"两委"班子决定从参观致富典型以及解决群众思想观众入手，调动他们外出打工的积极性。为了消除村民们的心中隐患，村里组织村民到出国的村民家中参观，各种高档的家用电器和房屋的精致装修看得村民眼热心跳。同时，村里还请出国致富的务工致富典型现身说法，讲国外见闻，谈致富经历，介绍劳务输出的有关政策。就这样，通过典型引带，大家对出国务工有了充分的认识，思想观念有了很大转变，村民的心也逐渐地活了起来，劳务输出的积极性显著提高。

为了使更多的人能走出国门，增加劳务输出总量，三合村"两委"积极发挥职能作用，给朝鲜族党员、干部交任务、压担子，要求他们给在家务农的村民出国务工牵线搭桥。开展"一帮一"活动，安排从事劳务输出的党员进行帮扶。与在国外的村民沟通联动，让他们收集有关信息，帮助村民走出去。并且村"两委"成员积极为困难的村民解决出国资金上的难题，还为他们协调办理出国手续，让他们能够顺利地走出去，尽快脱贫致富。同时，村"两委"成员不仅照顾他们的老人，而且还积极组织在家的部分农民帮助出国务工人员的家属种上地、种好地，解决他们的后顾之忧。

从此，三合村的百姓富起来了。这所有的发展、变化离不开党的好政策，离不开省、市、县、镇各级领导的支持和帮助，更离不开三合村"两委"的不懈努力。他们还将继续带领全体村民大兴求真务实之风，走劳务输出产业化发展之路，把三合村打造成一个富裕、和谐、文明的社会主义新农村。

3 经验教训

3.1 成功经验

第一，加强党支部建设，党员带领群众共同发展。农村党支部是带领全村党员群众共同致富的"火车头"，加强村党支部建设是做好其他工作的关键和保证。三合村新一届领导班子，制定了《村干部轮流坐班制度》《村干部工作考勤》《党支部工作制度》等多项制度，进一步转变了党员干部的思想作风。让党员的组织生活更加规范化，评议制度更加民主化，科技培训更加经常化，将党员的带头发展作用纳入其评议工作的重点。党员之间形成良性的竞争机制，对服务于人民群众更为有利。党员干部应首先做好带头引领工作，通过走访有经验的出国打工家庭，向其了解具体情况，在村内做好宣传以及思想引领工作，让群众意识到外出打工的优势，并且积极联合政府扶持政策，帮助村内做好劳动人口输出以及留守老人养老问题等工作。

第二，制定三合村致富道路，经济收入多元化。三合村有种植水稻的优势和特长，但同样的土地的面积有限也制约着农民的致富之路，同时三合村还有民族文化的优势，面对优劣势的比较，宾县政府因地制宜地制定了适合三合村农民致富的道路，通过送农民出国打工解决村内剩余劳动力问题，同时三合村政府支持当地招商引资，在建设好三合村基础设施的同时，更注重产业融合。根据当地特色的朝族文化吸引游客，从而带动当地的休闲旅游农业发展，为农民创造就业机会，拉动当地经济的多元化发展，从而使三合村村民的经济收入变得多元化。

第三，向国外输送劳动力，建设惠民风情小镇。政府提出"一帮一"地向国外输出劳动力的办法，并且采取的是聚民心、互帮互助的思想理念，打消农民出国打工受骗、家里无人照看等一切顾虑，让他们安心出国打工，为促进乡镇经济发展做贡献。也因这一契机，根据朝鲜族民族喜欢群体活动等风俗特点，建设风情小镇，带5个自然屯的居民上楼集体安置，方便留守的老人儿童接受政府照顾。同时集中流转土地承包给几个农业种植大户，发展大规模集约化水田种植，不影响当地的农业产业化经济。

第四，完善基础设施，发展绿色经济。建立"最美乡村"计划切实落实到了三合村的建设中，在新区内，道路、绿化、亮化、供排水、供暖、电力、通信、有线电视等基础设施建设基本完善，站在新区入口，放眼望去是干净整洁的小区路面，有民族风情特色的墙壁。新区街道对面就是一望无际的水田，三合村既有现代农村的整洁与先进，又有大自然的乡土气息，两者完美的融合，给人一种心旷神怡的感觉，真正把绿色经济、可持续发展理念落到实处。此外，在新建设的朝鲜族风情小镇中，政府投入大笔资金建设文娱体育设施、老年活动中心等，真正把农民的生活需求放在首位，让居民们生活质量更加有所提升。

3.2 需改进之处

突出建设重点，加快推进城乡基础设施一体化，大力加强农村基础设施建设，进一步优化农村的发展环境，改善农民的生产生活条件。把交通一体化作为推进城乡一体化的突破口，尽快形成内外衔接、城乡互通、方便快捷的交通网络。逐步实现"村村通""组组通"、城乡公交一体化工程。结合新农村建设，完善与农民居民日常生活密切相关的公共服务设施。

突出政府的财政投入，加快推进城乡经济一体化，要进一步完善政府的农业投入政策，努力增加政府支农资金投入总量，逐步把农村基础设施建设纳入政府基本建设的投资范围。同时，要采取政府引导，市场运作的办法，引导企业、工商和民间资金投入城乡一体化建设，依靠政府投入对启动社会投资的杠杆作用，引导促进社会多元化投入，保证城乡一体化的推进。

在三合村朝鲜族新村的发展过程中构建区域生态循环型经济发展体系。完善农业服务配套体系，并将其落实到位，实施节约生产，集约化经营。地方政府应加大土地的合理利用，建立完善的土地流转、农民合作社等体系规范，实施多种资源要素的集约化经营，在区域内形成节约生产、规模化经营。在三合村一期建设新村的基础上整合的居民，对节约出来的土地进行合理化利用，同时应注意实现循环型农业经济体系内清洁排放。区域生态循环型农业经济体系力求做到绿色生产、绿色种植、绿色养殖、绿色加工以及废弃物绿色利用的目的，从而形成体系内清洁排放。

在推动农业产业化经营的多元化的同时，也应抓住本地区种植水稻的优势，注重高科技农具以及新产品的引进、人才的培养，不断改良水稻品种，解决当地平地少、难灌溉的问题，使水稻逐年增产，使农民增收。

建造三合村二期工程时，应注意提升区域循环型农业经济水平，即以现代新型农民为主体，以国内市场为导向，以现代科学技术、现代工业装备、现代管理方法、现代经营理念为导向，以实现区域农业产业自然特色性、民族特殊性、地域特色性、加工工艺特色性、安全特色性、文化特色性及其生态特色行为目的。

突出信息化宣传力度。现在的社会是信息化的社会，要带动休闲农业产业的发展，宣传是必不可少的一环。朝鲜族风情小镇一期发展得不错，但知道的人却不多，因为宣传力度不到位。二期工程朝鲜族美食街及朝鲜族民俗展览馆建成后，要想拉动人气，一定要加大风情小镇的推广力度。

4　未来发展趋势

"农家乐"乡村旅游发展在当今社会逐渐走热。宾县是农业大县，地处哈市近郊，自然资源丰富，发展乡村旅游具有得天独厚的优势。乡村与城市相比具有休闲、自在的生活方式和安静祥和的生活氛围，这对生活在紧张、拥挤、繁杂、喧嚣、多污染的城市中的居民有巨大的吸引力。为此，在宾县发展乡村旅游前景十分广阔，一旦开发必将成为带动当地经济、致富农民的新增点。政府应积极打造一批城郊型乡村旅游示范区，抓住城乡一体化建设历史机遇，充分利用地缘优势，顺应城市居民日益高涨的旅游休闲需求，集中人才、物力，打造乡村旅游示范区，要体现差异，突出特色。在发展乡村旅游的同时应加强政府引导和人才引进，在大力发展朝鲜族新村建设的同时，一定要加强政府的规划和引导，在促进农村社会经济、文化发展的同时，要尽可能地保留吸引都市人参与乡村旅游的田园风光、乡村民俗、民族特色饮食、民族民居等特色。2016 年，结合居仁小城镇建设，宾县政府将启动实施民族风情小镇二期工程。计划投资 4800 万元，建设封闭式农贸大市场 5000 平方米，休闲广场 12000 平方米，朝鲜族民俗展馆 200 平方米，农机具停放、粮食仓储设施 3000 平方米，朝鲜族特色餐饮一条街 9000 平方米。二期建成后三合村便可开启休闲农业产业化模式。

休闲农业产业化是促进农村产业结构优化的有效方式。休闲农业的发展使城市与乡村之间的联系愈加密切。三合村有很大的地理优势。从哈尔滨市只需 1.5 小时便可到达，毗邻二龙山度假温泉山庄，可以成为城市忙碌上班族周末休闲的好去处。

由于三合村的民族特色，它的休闲农业应该致力于抓住以下几个产业：

（1）朝鲜族特色美食街。现在由于"韩流"持续走热，年轻人们对于韩国美食及文化越来越推崇，但在东北只有延边自治州是较为大型且成规模的"韩流"体验地，且距离哈尔滨地区路程远，来往交通不方便，人们在短期旅行时并不会把其作为首选。对此三合村可以抓住地理优势和文化优势，大力地推进朝鲜族特色美食街，让其成为宾县的旅游特色。这一产业模式不仅可以吸引更多的投资资金建设三合村，同时这种休闲产业化的发展能够转移农村富余的劳动力，为其提供广泛的就业机会，使农村劳动力资源得到充分利用。

（2）朝鲜族特色民宿。休闲农业产业是一种综合的服务性产业，也是劳动密集型产业，其提供的产品和服务很大程度上是通过劳务的形式实现的。为实现休闲农业功能的多样性，满足消费者的多方面需求，休闲农业需要"一条龙"服务。所以特色民宿也是很有前景的产业之一。民宿主要是突出朝鲜族文化特色，并不需要特别融入现代化元素及奢华之感，要让游客感到亲近自然、亲近朝族文化即可。此产业除了能带动周边地区旅游业，还可以带动交通运输业、物流业等相关产业的发展，从而为人们提供大量的就业机会。

（3）采摘种植体验园。随着城市都市化生活节奏的逐步加快、生活水平的不断提高，越来越多的中年人和城市白领喜欢体验短暂的田园生活，让自己的生活回归淳朴，既是一种休闲放松的方式，又是一个净化心灵的契机。随着人们的这种需求，采摘园这一农业产业模式持续走热。不同的农村地区也根据自己的土地情况和种植优势开发了具有当地特色的采摘园。三合村既然要打造农业多元化产业，采摘园当然也是很有发展的产业之一，除了采摘园我们可以尝试添加种植体验园。三合村旱地面积 833 亩，水田面积 3335 亩，是水稻的主产区，可以在合适的季节开启种植体验园项目，一方面为三合村创收，以相对地节约些劳动力；另一方面也可以给城市居民一种全新的体验，体会劳动人民的辛苦，更加懂得珍惜生活，同时带动该地区经济发展。还可以根据土地情况开展采摘园产业，这样可以和种植体验园分季开展，保证三合村每季都有持续收入。这样有利于增加三合村居民的总体收入，也带动三合村的农业旅游产业发展。

（4）朝鲜族民俗展览馆。宾县政府启动二期工程计划中将建造200平方米的朝鲜族民俗展馆，这一举措有助于保留我国珍贵的民族特色非物质文化遗产，而且有助于帮助人们更多地了解一些朝鲜族文化，可以增长人们的见识，为他们的休闲农村旅游再添一抹亮色。同时可由村长带领把朝鲜族特有的节日日期以及庆祝方式记录下来，做好宣传工作，在节日当天去的游客可以亲身体验到节日的氛围，使旅行更加有意义。通过这种民族特色以及前期做好宣传等，增加旅游的客流量，从而促进小镇经济发展。

除了以上的休闲产业外，三合村应继续发挥其种植优势，注重人才和技术的引进，政府应加大对水稻种植大户的扶持力度，促进当地农业经济又快又好地发展，多组织农民进行学习进修，增加自身素质修养，认识到科学技术的重要性，引进适合当地水土的优良作物，促进农民的增产增收。

同时还应保持该村向国外输送劳动力的扶持政策，鼓励年轻人出国打工增长见识，然后回国建设自己的家乡。出国打工解决剩余劳动力是三合村的发展优势，未来应继续保留，并且政府和国外保持一种长期合作的友好关系，从而促进三合村发展建设。

坚持高效能管理。坚持以区带镇、同步发展的理念，走"区镇合一"的发展模式，整合区域资源和行政资源，对新城进行统一规划建设，统一利用土地，统一产业布局，统一摆放项目，建立高效统一的管理机制，切实提高行政服务效能，优化资源配置，保证新城建设顺利进行。

以民族文化特色为依托，大力发展民俗体验旅游业。但在发展建设中应注意发展低碳经济，致力环境保护。加强对资源综合利用开发，大力发展循环经济，从产业规划到战略布局层层把关，绝不以牺牲环境为代价去盲目地追求速度而忽视质量。

参考文献

[1] 谷中仁. 浅谈宾县城乡一体化建设和乡村旅游发展 [J]. 民营科技, 2015 (2): 261.

[2] 林彬. 区域生态循环型农业经济体系的构建 [J]. 中外企业家, 2016 (14): 14.

[3] 马旦曰. 宾县全力打造龙江县域经济发展样板 [J]. 农学理论, 2011 (16): 22-23.

[4] 邱佳, 史亚军. 中国休闲农业产业化发展研究 [J]. 中国农学通报, 2011 (33): 314-317.

讨论题

(1) 政府在休闲农业发展中应重点投资什么项目?

(2) 此案例中, 发展休闲农业已具备的优势条件是什么?

(3) 请帮其谋划一下下一步发展。

(屈敬然)

整合自然资源发展乡村旅游

——宾县友联村温泉旅游小镇旅游新村建设

案例概要：黑龙江友联村属革命老区，历史遗迹较多，自然风光优美，旅游资源丰富。近年来，宾县政府结合当地情况，以本地特色旅游资源和农业资源为基础，创造性地提出"村企共建——资源置换"现代乡村建设模式，招商引资，促进农业与旅游业、服务业等产业融合，大力开发友联村沟域经济，全力打造集园区支撑、农业引领、旅游牵动、商贸集镇、民族特色一体的"五型"特色温泉旅游小镇，建设新型旅游乡村，激发了当地产业开发活力，促进了经济收入的提高，成为宾县的发展典型。但由于种种错综复杂的矛盾存在，友联村在建设发展过程中，仍面临着一些发展难题亟须解决。

案例主题词：农村小城镇建设；休闲农业；农村产业融合

1 前言

农业、农村和农民问题，是关系到我国现代化建设全局的重大问题。当前，我国农业农村发展环境发生重大变化，既面临诸多有利条件，又必须加快破解各种难题。加快补齐农业农村短板成为全党共识，为开创"三农"工作新局面汇聚强大推动力。新型城镇化加快推进，为以工促农、以城带乡带来持续牵引力；城乡居民消费结构加快升级，为拓展农业农村发展空间增添巨大带动力；农村各项改革全面展开，为农业农村现代化提供不竭原动力。同时，在经济发展新常态背景下，如何促进农民收入稳定较快增长，加快缩小城乡差距，确保如期实现全面小康，是必须完成的历史任务。在资源环境约束趋紧背景下，如何加快转变农业发展方式，确保粮食等重要农产品有效供给，实现绿色发展和资源永续利用，是必须破解的现实难题。

基于此，党的"十八大"和2016年"中央一号"文件提出要持续夯实现代农业基础，推进农村产业融合，促进农民收入持续较快增长，大力发展休闲农业和乡村旅游；要推动城乡协调发展，提高新农村建设水平，提高农村公共服务水平，开展农村人居环境整治行动和美丽宜居乡村建设；要加强和改善党对"三农"工作领导，深入推进农村改革，增强农村发展内生动力，创新和完善乡村治理机制，深化农村精神文明建设。

面对经济新常态下的发展机遇，近年来，黑龙江省哈尔滨市宾县认真贯彻落实省、市战略决策和部署，依托农村绿水青山、田园风光、乡土文化等资源，全力打造园区支撑、农业引领、旅游牵动、商贸集镇、民族特色"五型"特色美丽乡村。在建设过程中，县各部门密切注意促进农业、服务业融合发展，注意完善农业产业链与农民的利益联结机制的建设，并在建设过程中注意农业生态保护和修复，现已打造出友联村这样一个集休闲农业和乡村旅游为一体的美丽乡村、旅游小镇。自2012年以来，宾县采取"村企共建——资源置换建设美丽乡村"的办法，通过招商引资，采取灵活性的政策扶持，加大友联村农民居住新区、基础设施建设、英杰风景区旅游资源开发和生产发展力度，使友联村整体面貌得到较大改观，村民生产生活条件得到极大改善，成为名副其实的乡村旅游名村、"美丽乡村"。目前，友联村已经成为省新农村建设五星级村、首批国家级美丽乡村、全国休闲农业与乡村旅游示范村，是黑龙江省省长陆昊的党建联系点。

2　友联村建设现状

2.1　友联村概况

友联村隶属宾县宾州镇，距哈尔滨60千米，距县城27千米，地形南北狭长，地貌为山区和半山区，自然资源丰富，历史遗迹较多。全村有 12 个自然屯，1050 户，4080 口人，劳动力 2890 人，耕地 13600 亩，林地 530 亩。国营宾县松林林场部坐落在其辖区。2015 年全村人均纯收入 17000 元。

该村属于革命老区，区域内文化内涵深厚，自然资源丰富，历史遗迹较多。该村旅游资源丰富，猞猁河从南向北流经全境，有碥子峰 10 座，最高山峰白石峰海拔 361 米，具有独特的山水风光。该村周边景区众多，南与哈尔滨市阿城区红星水库和横头山风景区接壤，西临宾西长寿山景区，东连香炉山风景区和二龙山景区。良好的区位优势、便捷的交通、迷人的自然风光、和谐的生态环境、强劲的开发投资项目，造就了友联村新农村建设得天独厚、先人一步的发展优势。友联村的美丽乡村建设起步于 2011 年，几年来企业共投入资金 18.6 亿元，主要完成了景区沿线三个自然屯的整体改造开发和景区景点建设。

图 1　电视剧《乡村爱情》友联村拍摄基地

2.2　友联村温泉旅游小镇发展特色

2.2.1　坚持规划先行，高标准建设乡村旅游小镇

友联村遵循以山水资源为依托，以乡村风情为特色，以自然生态为优势，以

休闲度假为功能的原则，全力打造哈东特色景区，把友联村的美丽乡村建设与旅游资源开发和撤屯并村、农村城镇化建设有机结合，开发产业强村。政府在规划制定中，本着优化资源建名镇，拓展产业富农民的目标，高标准、全方位编制规划，注重地方政策的灵活性和总体规划的延续性，全力将友联村打造成为集风光观赏、休闲度假、历史教育、农村新居、旅游地产、农民增收"六位一体"的美丽乡村和旅游名镇。

友联村的发展定位是旅游。靠奇特风光吸人，靠温泉度假留客，靠优质服务创利，靠特色产业增效，最终实现景区打造新亮点，新农村建设显成效，特色产业发展成规模，在3~4年的时间内实现了农民过上幸福小康生活的目标。

友联村的旅游新村规划建设主要内容为"一村、二园、三场、四特、五治、十大奇峰和七大附属工程"。如表1所示。

表1 友联村的旅游新村规划建设主要内容

项目	主要内容
一村	社会主义新农村
二园	二龙山水上乐园和观光农业园
三场	滑雪场、狩猎场和濒危动物养殖场
四特	特色民居、特色采摘园、特色养殖场和特色餐厅
五治	猞猁河治理、境内小流域治理、景区道路治理、景区内环境治理和旅游场地治理
十大奇峰	虎头砬子、刀切砬子、悬羊砬子等十大景观山峰
七大附属工程	修环山栈道、温泉旅游区、完善接待中心、游览车、电路照明及广播宣传、综合接待服务中心、影视基地和红色革命旅游教育基地

注：本文所有表格资料全部基于宾县2016年政府文件数据整理所得。

2.2.2 完善基础设施，增强旅游小镇承载能力

一是建设农民新居，提高物业福利。撤并友联村3个自然屯，企业以原有的农民宅基地为基础，新建了杨家屯、小岭屯和林场屯6栋5.4万平方米的异域生态民居，并设有医疗服务、农副产品超市，同时建设了近6000平方米的仓储房、畜舍等附属设施，384户村民全部回迁进户。农民入住新居后，物业由企业负责管理，免收农民5年取暖费。

二是改善村容村貌。友联村在打造温泉旅游小镇的过程中，特别重视民生工

程和基础设施项目的建设，具体成绩如表2和表3所示。

表2　友联村民生福利项目建设情况

社区福利项目	成绩
杨家屯公园（万平方米）	2
草坪（万平方米）	1
社区综合服务中心（平方米）	520
文体广场（平方米）	6500
污水处理厂（万平方米）	1.2
引水工程（处）	2
机电井（眼）	3
变压器（台）	2
集中供热锅炉房（处）	3

表3　友联村社区道路基建项目情况

社区道路基建	成绩
通往英杰风景区二级公路（千米）	12.7
杨家屯住宅小区内环路（延长米）	1000
桥（座）	1
桥涵（座）	2

　　三是实施景区景点打造。友联村突出历史遗迹和特色自然景观，在不改变原有地形地貌的基础上，进行改造和完善，建成多项景点相关工程。具体成绩如表4和表5所示。

表4　景区核心项目建设情况

核心项目建设	成绩
旅游接待中心（平方米）	3000
东北特色生态休闲民居（平方米）	5000
花园洋房（栋）	6
商服楼（栋）	4
改扩建小二龙山水库（公顷）	10
寒地温泉井（米）	2300
温泉酒店（处）	2

表5　景区附属设施建设情况

附属设施建设	成绩
旅游中心建设栅栏（延长米）	160
悬羊砬子环山栈道（千米）	3

除此之外，还完善了滴水观音、悬羊砬子灯光瀑布、悬羊砬子滑雪场和乐佛寺等景点，打寒地温泉井 2300 米。2013~2014 年建设温泉酒店 2 处、5.4 万平方米，均为当年建设当年投入运营。对猞狸河进行了改造，建成了 5 千米观光水系。2015 年，投资 5.1 亿元，建成了 5.3 万平方米的哈尔滨英杰欢乐水世界旅游项目，于 2015 年 12 月 25 日圣诞节开业运营，再次创造了宾县新速度。现在，友联村英杰风景区日接待游客 1.2 万人。

2.2.3　注重产业兴镇，旅游小镇发展后劲增强

在友联村打造建设过程中，县、镇、村各级政府注重招商引资和本土企业的建设，跟融兴公司合作，把安置农民、创造农民新的增收途径摆上突出位置，如表 6 所示。

表6　各项目吸纳男女青壮年劳动力就业人数

项目	吸纳劳动力数量（人）
旅游接待中心和温泉假日酒店安置	700
建筑工程施工安置	300
产业发展安置	100

产业发展方面，大力促进农业与加工业、旅游业的产业融合发展。建立蔬菜基地、绿色水稻生产基地、采摘园和果园，创造就业岗位 100 余个。村民不离家、不离土即成为产业工人，人均月收入 3000 元。为充分搭建村民就业平台，友联村组建了宾县兴民蔬菜合作社，建成千亩蔬菜大棚基地，其中日光温室 20 栋，钢塑大棚 617 栋。采取企业自主经营、自主销售和农民自由投资入股、参与分红的方式，企业投资建设，农民自由拿出土地入股，农民在参与生产赚取劳务费的同时又能从合作社中分得红利。建成了 2000 亩有机水稻基地，全部采用猞狸河山泉水灌溉，不含任何化肥和农药。企业负责与农户签订合同，统一供种、统一作业、统一技术指导、统一收购，在高于市场价格 0.2 元的条件下收购，进

入企业加工包装后销售。建成了占地 18000 平方米的特色森林鸡厂，养殖森林鸡 1.2 万只，全部是林下自然放养，营养价值很高。建设岭上生态观光园 384 亩，栽种了 12 个品种的果树，并搭建了绿色生态葡萄园。建设领下采摘园 210 亩，让游客体验农耕收获的喜悦。这些特色产业，成为富裕村民的重要支柱产业。

图 2　英杰融兴服务中心

2.2.4　坚持引导资金多元化投入，解决旅游小镇建设资金"瓶颈"

在友联村的建设中，宾县县政府和友联村坚持紧紧依靠省委省政府、市委市政府、县委县政府的正确领导和大力支持，为了解决发展过程中遇到的资金难题，县委县政府给予了村里灵活性的招商引资政策，方便引导多元化资金流入，助力美丽旅游新村建设。友联村旅游小镇是以村企共建、资源置换的模式来建设的，在友联村美丽乡村发展建设的过程中，宾县引入黑龙江融兴房地产开发有限公司，采取"村企共建"的运作模式予以推进：由村里负责提供土地等相关资源，并积极协调，县政府给予一定的优惠政策支持；由企业负责投入资金，具体实施各类开发建设项目。通过村企之间的有机合作，实现互利共赢，进而科学、有序地推进友联村的整体改造和全面开发建设。同时，宾县依托新农村建设、城镇化建设，结合撤屯并村，整合各方资金，以资金捆绑的形式，进行专款专用，有关政策向其倾斜，有效地解决了资金问题。另外，宾县还成立了由县委、县政府主要领导任组长的领导组织，专门负责推进此项工作。同时，友联村的美丽旅游新村建设还得到了省农委、省新农村办、省财政厅、省林业厅、省旅游局的大力支持和帮助，哈尔滨市财政局、司法局、气象局、计生委、哈报集团5家市直单位、宾县18家县直部门合力帮建友联村新农村建设，为旅游小镇建设注入了强大的生机和活力。

3 友联村温泉旅游小镇建设经验

面对东北经济新常态下的挑战和机遇，宾县友联村在上级政府的政策带动下，依托其绿水青山、田园风光、乡土文化等本土资源，全力打造园区支撑、农业引领、旅游牵动、商贸集镇、民族特色"五型"特色美丽乡村，开辟了一条比较有特色的现代化新农村发展路子，主要特征有以下四条：①政策先行，政企合作，立足于长远规划；②大力发展基础设施建设，保障农村公共服务供需平衡；③促进三大产业多元融合，带动农民创业就业，积极开辟农村经济新的增长点；④多元化、多渠道资金投入，做好农村改革事业资金保障。在一定程度上，这些经验对东北地区乃至全国范围内农村经济的变革和发展具有现实可行的借鉴及指导意义。

3.1 政策先行，政企合作，立足于长远规划

政府在产业变革中居于主导地位。个体或群体的地位、目标及理念会从根本上影响到他或他们对旅游的理解与认知，进而影响到旅游开发和管理的原则及方式。地方政府在建设旅游村的过程中扮演着重要的角色，甚至是居于主导地位。这是因为政府在乡村地区处于强势地位，对辖区内的事务具有绝对的话语权。同时，政府也是一个理性的经济人，有他们自身的利益诉求并为此发生追逐利益最大化的行为。因而当乡村旅游成为乡村地域一种重要的经济现象或力量时，政府会开始对其关注并引导，甚至参与。然后通过制定标准对乡村旅游的经营业者进

行规范，以规避自发性劣势和市场盲目性、提升乡村旅游的服务质量，同时颁布相关的政策引导与促进全国及地方乡村旅游的大发展。

政府作为主导力量，是基于乡村旅游发展初级阶段，政府对乡村旅游的政策导向、资金与技术的扶持以及乡村公共产品的完善与环境的治理。但在具体旅游项目的经营开发中，由于地方羸弱的财政能力及社区居民分散的投资能力，还需政府积极招商，吸引外来资本进行大规模的投资、建设与经营管理，以实现资源向资本的转化，促进乡村旅游快速发展。

宾县政府在开发友联村温泉旅游小镇前，清晰地判断了友联村乡村旅游资源的优势、市场的需求特征与未来变化趋势，依据科学的理念进行合理的规划，通过与开发商合作，吸收资金投入，确定未来发展的主题与方向，提出了基于"村企共建——资源置换"模式的近远期的旅游新村发展战略，避免了对脆弱的乡村资源的破坏，促进与保障旅游乡村发展的可持续性。宾县政府站在发展的战略高度，通过科学引领与协调，为更好地引导友联村温泉旅游小镇长久的发展，对友联村的产业布局进行了科学的规划，确定未来的发展方向，并对外进行统一宣传。

此外，宾县政府还充分发挥第三方的监管与规范职能，通过建立各种制度与标准来监管、规范各方的经济及经营行为，对不规范的行为进行仲裁，以确保为乡村旅游目的地提供一个良好的发展空间与环境。基于此，在友联村温泉小镇项目发展的进程中，宾县政府的主导地位将依然持续一段很长的时间，以引导与推动国内乡村旅游的普及、规范与良性发展。

3.2 大力发展基础设施建设，保障农村公共服务供需平衡

基础设施是"直接或间接地有助于提高产出水平和生产效率的经济活动，其基本要素是交通运输、动力生产、通信和银行业、教育和卫生设施等系统，以及一个秩序井然的政府和政治结构"。基础设施分为经济性基础设施与社会性基础设施。其中，交通运输、邮电通信、能源供给等经济性基础设施作为物质资本，直接参与生产过程，有益于提高社会生产能力进而加快经济增长速度；科教文卫、环境保护等社会性基础设施水平的提高，有利于形成人力资本、社会资本、文化资本等，是调整和优化经济结构、改善投资环境、推动经济发展的基础。

基础设施建设通过需求拉动及资本积累在短期能够直接影响经济增长，而且还具有"外部性"的准公共物品属性，通过乘数效应能间接对经济增长产生长期影响。另外，基础设施建设还具有如下几个"外部效应"：

（1）提高要素生产率。基础设施完善了投资环境，如"润滑剂"一样减少要素流动时的摩擦力，进而促进全要素生产率的提高。

（2）提高交易效率。基础设施水平的提高首先有利于交易成本的降低，即提高交易效率而后通过扩大分工经济的空间进而促进分工演进和经济增长。交通基础设施服务有助于生产资料及产品的空间转移，从而扩大市场范围，提高市场交易的能力和效率。

（3）缩小地区差距，提高居民福利。基础设施的聚集效应会使生产要素更方便地流向发达地区进而无形中又强化了对落后地区的负溢出效应，从而缩小城乡地区差距，提高居民生活水平。

宾县在建设友联村温泉旅游小镇过程中，撤并自然屯，以原有宅基地为基础，新建农民新居，并设有医疗服务、农副产品超市，并建设仓储房、畜舍等附属设施，384户村民全部回迁进户。同时改善村容村貌，通村通屯道路全部实现"三化"，新建公园、旅游接待服务中心、社区综合服务中心、文体广场（6500平方米）、污水处理厂、引水工程、集中供热锅炉房等。这一切的民生工程都极大地提高了友联村居民的生活水平和福利水平。

除此之外，友联村还实施景区景点打造，突出历史遗迹和特色自然景观，在不改变原有地形地貌的基础上，进行改造和完善。建成旅游接待中心、东北特色生态休闲民居、花园洋房和商服楼。并且重视景观交通线路和旅游项目建设，丰富了友联村旅游线路和内容的同时，还提高了其游客承受能力，提高了游客体验，为接下来进一步发展打好了硬件基础。

3.3 促进产业多元化融合，带动农民创业就业，积极开辟农村经济新增长点

对乡村资源充分利用的乡村旅游已成为内活乡村经济与文化的新的驱动力，为城乡统筹提供了新的发展力量与模式，通过市场行为自发地促进了城乡之间人流、物流、信息流、资金流的双向交融，在带动乡村地域经济发展的同时，有效

地保护与维持了乡村的环境与传统，从而实现城乡有别基础上的城乡协调发展。更为重要的是，乡村旅游在发生发展中存在着巨大的旅游乘数效应，即通过乡村旅游与乡村传统产业先天紧密的关联性，可以有效地促进彼此产业链的延伸，促进三次产业间的融合，进而可以起到调整乡村产业结构，推动产业融合，带动乡村地方综合经济的快速发展，这可能是乡村旅游在城乡统筹体系中发挥真正力量的本质所在。

产业融合是指不同产业或同一产业内的不同行业相互渗透、相互交叉，最终融为一体、形成新的产业业态的动态发展过程。乡村旅游是传统农业与现代旅游业交叉渗透发展的一种新业态产业，以乡村旅游活动或产品为链条把传统农业、旅游制造业以及旅游服务业串联一起，可以有效地促进传统生产模式与产业结构的调整，进而促进乡村区域产业的融合与发展，这恰恰是乡村旅游作为一种新的乡村经济发展的内生动力在城乡统筹体系中所具备的巨大优势，如图3所示。

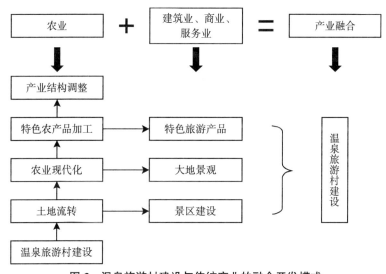

图3　温泉旅游村建设与传统产业的融合开发模式

友联村在建设温泉旅游小镇的过程为传统农业结构与模式的调整提供了契机，通过土地流转发展规模化的特色高效生态农业，不仅为乡村旅游塑造大地景观，为游者提供观光、采摘、体验等功能，更为重要的是通过土地的集聚，产生规模效益，提高土地的产出。同时，积极发展农副产品进行深加工，包括游客的亲自参与加工的过程，形成更高级别的体验活动，增加产品的附加值，实际上是通过乡村旅游活动实现了对三次产业的高度融合。如此，通过乡村旅游的发展可有机地把三大产业串联起来，调整产业结构的同时，延伸了乡村旅游业的产业链，增加了税源与就业机会，提高了地方经济的贡献量，从而促进乡村旅游区经济的综合长远发展。这些特色产业，成为富裕村民的重要支柱产业。

3.4 多元化、多渠道资金投入，做好农村改革事业资金保障

资本市场对于产业发展的重要性不言而喻，尤其是对于缺乏资金的旅游产业导向型的新农村发展。因为乡村旅游业主要依赖于旅游资源和良好基础设施进行发展，若旅游资源建设不足或者是配套设施较差，那么对民众就不具有吸引力，乡村旅游业也将缓慢发展。若能多元化、多渠道地进行资本吸纳投资，以发展旅游业为经济主要增长点的乡村有望借助外部资金快速发展，迅速做大做强，从而进入良性循环阶段。

友联村旅游小镇是以村企共建、资源置换的模式建设的。在美丽乡村发展建设的过程中，友联村引入黑龙江融兴房地产开发有限公司，采取"村企共建"的运作模式予以推进。由村里负责提供土地等相关资源，并积极协调，县政府给予一定的优惠政策支持；由企业负责投入资金，具体实施各类开发建设项目。通过村企之间的有机合作，实现互利共赢，进而科学、有序地推进友联村的整体改造和全面开发建设。同时，我们依托新农村建设、城镇化建设，结合撤屯并村，整合各方资金，以资金捆绑的形式，进行专款专用，有关政策向其倾斜，有效解决了资金问题。

4 促进友联村温泉旅游小镇进一步发展可能的对策建议

4.1 政府要做好自我规范与角色渐变

政府主导型的制度安排在乡村旅游发展初期的规划统筹、部门协调、基础建

设、生态保护、招商引资等方面的确发挥着正效应，但是，政府作为乡村产业开发中的利益相关之一，也有自身的利益诉求，如 GDP、税收、财政收入、招商引资任务等，使政府成为乡村产业开发中多重目标取向的牟利型政权经营者，扮演了最为复杂的一个利益相关者角色。为了达到自身利益目标，政府会以招商引资的形式，通过对一些乡村旅游资源享赋区景区化的开发带动区域经济的发展，但当乡村产业发展起来后，政府也会有"上山摘桃"的冲动。另外，即使在成功招商后，政府凭借自身公权力的优势，容易同拥有强大资本的开发商形成紧密的利益关系，一个拥有资源所有权、开发审批权及招商引资的任务，一个拥有丰厚的资本，两者之间容易形成"寻租"现象，进而可能导致政府疏于对开发商的监管，造成开发商对乡村旅游目的地资源掠夺式的开发，不仅侵害了当地社区居民的公共利益，也决定了乡村产业开发的非可持续发展。

因而，在友联村温泉旅游小镇的后续开发建设中，宾县政府需要自我规制与转变职能，而规制只能通过制度的建设与完善而达到相关目的，强化政府作为公共力量的主导地位，规避其参与微观乡村经济行为的冲动，降低与民争利的矛盾。同时，随着乡村发展的不断成熟，政府的主导地位也应向市场主导转变，以充分发挥市场机制在资源配置中的基础性作用。

4.2 进一步做好土地流转配套工程

土地流转是乡村综合产业开发和结构升级的必由之路。建设旅游产业主导的美丽新农村作为一种地方经济开发的模式，需要以土地为空间载体集聚各种生产要素并建设，这自然涉及用地问题。乡村旅游产业开发用地不仅包括为乡村旅游开发、经营、服务、商业、娱乐等服务设施提供建设用地，也包括在不改变土地性质的前提下，通过土地流转与整理以提高农业用地的经营规模集约化程度，并为游客提供大地景观的耕地。因而乡村的土地流转在乡村旅游规划与产业发展中显得尤为重要，但却因现行的土地政策，使乡村旅游土地流转处于无法无据的尴尬局面，并成为一种难以跨越的"瓶颈"，越来越影响着乡村旅游的产业升级与可持续发展。

因此，宾县政府和友联村的重要任务之一是探讨可行的村土地流转模式，建立土地利用机制，合理利用乡村土地和调整产业结构以促进乡村经济的变革，提升乡村居民的生活水平，以达到城乡统筹的目标。避免借新农村建设，强行土地流转，获取国家配套资金，并不惜改变乡村聚落景观特征，强制农民上楼，极大地损害了农民的切身利益。因而在乡村土地流转进程中，为充分保证农民利益，并促进友联村乡村综合产业开发升级发展，还需相关配套制度的完善与建设，并着重考虑以下几个核心问题：第一，如何保障农户的土地收益权。土地是农民赖以生存的基础，为保障农户的土地收益权，必须对农村的土地使用权确权，以确定农村土地经营权流转的主体是农民，即土地是否流转、价格如何确定、形式如何选择等，决策权都在农户，流转收益应归承包农户所有。完善相关配套法律体系，依法保障农民对承包地的占有权、使用权、收益权、流转权及承包经营权抵押、担保权能及其相关综合权益。第二，如何处理农地流转溢价问题。这需要完善农业发展基金制度，对农地流转溢价进行统筹，使农地流转溢价明确化，是提高农民土地补偿金的额度，将溢价的绝大部分直接流入农业发展基金，避免农业用地的过速流失，更为重要的是保障农地转让收入的专款专用，用于农业发展，弥补当下乡村经济发展所需资金，实现城市反哺乡村的目的。第三，进一步探索解决失地后的农民就业保障问题。必须在土地流转之前，通过城乡统筹对农村和农业经济结构进行战略性调整，为农村经济发展开拓新的空间，为农民提供新的就业机会；建立失地农民保障制度以及土地入股和租赁制度，以使失地农民定期分得红利或租金。

4.3　建立完善的外来资本准入制度，保障村民权益不受损害

在友联村温泉小镇综合产业开发建设的过程中，如果没有完善的资本管理制度，容易导致外来资本与乡村社区产生矛盾。因为开发商首先作为一个理性的经济人，追逐利益的最大化与成本的最小化是其本性，在既定的契约时间内为了追求利益最大化容易造成对乡村资源掠夺式的开发以及对乡村文化的破坏，因而对外来资本的开发需要靠政府与社区对开发商的逐利行为进行监管与约束，使其开发程度控制在乡村环境容量所承载的能力之下，并确定合理的利益分配机制，以保障地方乡村旅游的可持续发展。另外，外来资本往往倾向于支持大规模的、圈地式的旅游景区投资与建设，相对封闭的景区化模式便于开发商的经营与管理，且能为开发商带来丰厚的旅游经济效益。而景区与外界的联系相对

隔绝使景区成为乡村区域中的一个"飞地",在经济收益上形成孤岛效应,进而形成旅游收益的漏损。

另外,旅游所提供的就业机会也仅限于少量当地乡村社区居民的直接就业。社区居民除了参与低报酬和琐碎繁杂的服务性工作外,大量的本地人仅获得很少或几乎不能获得收益。其最终后果是,乡村旅游产业发展不但不能使最初的区域差异得到调整,反而加强了乡村社会经济不平等和空间不平衡,甚至成为当地居民社会分化和异化的新根源。因而政府需要建立完善的外来资本准入制度,保障村民权益不受或者少受损害。

参考文献

[1] 李平等. 基础设施与经济发展的文献综述 [J]. 世界经济,2011(5):93-116.

[2] 王莹,许晓晓. 社区视角下乡村旅游发展的影响因子——基于杭州的调研 [J]. 经济地理,2015(3):203-208.

[3] 董巍立. 探析农村经济发展中基础设施投资建设的重要性 [J]. 经贸实践,2015(6):26-27.

[4] 刘瑾. 农村经济发展中基础设施投资建设的重要性分析 [J]. 中国市场,2013(48):86-87.

[5] 尤海涛. 基于城乡统筹视角的乡村旅游可持续发展研究 [D]. 青岛大学博士学位论文,2015.

讨论题

(1)理论联系实际方面,友联村的建设发展历程体现了哪些经济学、管理学理论?这些理论是如何应用到实践当中的?取得了哪些成就和效果?有哪些不足之处?

(2)你认为沟域经济的发展有何特点?

(3)美丽乡村建设方面,友联村的温泉小镇建设给你带来了什么启示?如何将友联村模式借鉴引用到吉林省内你所关注的乡村建设当中去?

(潘勇)

以专家大院模式扶持公主岭吉农养殖专业合作社发展

案例概要：公主岭吉农养殖合作社从无到有，见证了产学研合作基础上的专家大院模式的创新与成功。专家大院模式是以吉林大学生物与农业工程学院农经系带头主导的一次农业技术推广模式创新，在吉农养殖合作社的建设上，主要有三个主要特点：组建科技专家大院解决不同学科专家协同服务的问题；建设农林实践基地促进人才培养与合作社发展"双赢"；依靠农科教创新及多元化发展规避风险。专家大院模式扶持发展下的吉农养殖合作社，取得了不小的成功，但也面临着比如运营机制不健全、权责关系及市场定位不准确、生态效益不佳等问题，亟待改善。

案例主题词：农业技术推广模式；专家大院；农民专业合作社；新型经济主体培育

1　合作社简介

公主岭吉农养殖专业合作社是在吉林大学农学部"三农"问题研究中心[①]亲自指导下，由吉林大学畜牧兽医专业毕业的大学生吕伟任理事长，历经三年时间，从无到有、从弱到强发展起来的。

[①] 2015 年整合为"东北区域现代农业发展研究中心"，主要成员由吉林大学农经学科专任教师构成。2015 年 12 月，东北区域现代农业发展研究中心被批准为吉林省人文社会科学重点研究基地及吉林省特色新型高校智库。

吉农养殖专业合作社坐落在吉林省四平公主岭市南崴子街河北村，成立于2009年7月，专业养殖生猪、蛋鸡，并已注册"岭丰源"商标（注册号为9270923）。合作社成立以来，得到了吉林大学全方位的科技扶持，本着维护社员的合法权益，增加社员的经济收入，以合作共盈为宗旨，在以发挥合作的优势、服务养殖事业的思想指导下，通过广泛的合作，为养殖户及社员在各个环节提供完善的服务，最大限度地提高养殖效益，有效地提高抵御市场风险的能力。

吉农养殖专业合作社本着"依法建社，按章建社"的原则，秉承"科技创新，提高品质，创建品牌"的宗旨，整合资源，快速发展。为保持合作社的技术先进性，定期聘请专家进行种植、养殖方面的知识讲座，同时进行经营管理方面的讲座和报告，不断提高合作社成员的科学知识、技能水平和参与管理的能力。

2011年起，合作社先后被评为"吉林省农民专业合作社优秀示范社""畜牧业农民专业合作社示范社""国家级农民专业合作社示范社"，入社员也从6户增加到176户。

吉农养殖专业合作社现有建筑面积3800平方米、散养笨鸡1600多只、蚯蚓养殖基地1800平方米、新型果蔬2600平方米，一套综合性健身器材，是集科研、种植、养殖、休闲及餐饮于一体的现代化农村乐园，是广大城乡居民休闲娱乐的好地方。

2 发展历程

2.1 扶持背景

吉林大学农学部设有动物医学、植物科技、食品加工与安全检验等专业方向，在2015年院系合并之前还有农林经济管理和物流管理两大专业方向，涵盖了广义农业的各个领域。农经学科则充分地发挥了管理科学在大农业发展过程中的运营管理、规划咨询作用。农经学科在三个方向搭建起服务"三农"的平台：一是与吉林省政府发展研究中心、吉林省发改委等政府部门及北京农林科学院等科研院所充分合作，参与规划编制、相关政策研究等；二是与涉农企业横向合作，组织学生参观调研、前往实习、共同研究相关问题等；三是在农村基层建立教学科研实习基地，师生定期前往调研，并向村民开展政策咨询、信息技术服务、指导建立农民专业合作社、开展经管业务技能培训等。2004年起，吉林大学农经学科在对"三农"服务方面做了大量工作，受到一致好评。

2009年6月，吉林大学原畜牧兽医学院（2013年院系调整为动物医学学院和动物科学学院）一名已毕业的大学生吕伟慕名从公主岭来到农经系请教发展问题，之后，农经系十余名老师深入公主岭进行实地调研，根据其实际情况建议吕伟组建合作社，双方合作就此展开。

2.2 扶持及发展历程

2009年7月6日，公主岭市吉农养殖专业合作社成立。但是，在成立后的大半年时间里，由于不了解合作社的功能和作用，缺乏相应的经管知识，从理事长到社员均对未来发展感到茫然，合作社其实并无实质性运作发展，仅仅只是一个"摆设"。

2010年4月，农经系老师带领部分农经专业本科及研究生再次深入合作社调研，针对存在的问题制定了具体的解决对策：

第一，组建专家大院。针对合作社发展过程中的经营管理、养殖、疾病防治、饲料配方等问题，由吉林大学农林经济管理专业牵头组建了由农经、畜牧及兽医专家组成的顾问团队，顾问团队共有12位教授，随时解决合作社发展问题。2014年，韩国江原大学的专家团队曾来到吉农养殖专业合作社进行考察，专家团结合韩国的合作社发展经验就吉农养殖专业合作社发展现状给了相关的参考建议，并给予了吉农养殖专业合作社的发展模式极大的肯定与支持。

第二，建设实习实践基地。2010年4月农经系将合作社设为吉林大学农林实践基地之一，由吉林大学2008级本科生成立课题组，申请了吉林大学"大学生创新性实验计划"项目《公主岭市吉农养殖农民专业合作社运作设计（2010C83280）》，开始了对吉农养殖专业合作社的跟踪研究及帮扶。在一年的时间里，学生在老师的指导下，通过调研和查阅相关资料，为吉农养殖专业合作社制订了社员培训方案，并于2010年底对社员进行了相关知识培训，与社员共同

图1 公主岭吉农养殖专业合作社顾问团队

探讨吉农养殖专业合作社的发展模式，社员的观念有了很大程度的转变。课题组根据合作社的实际发展条件，经多次论证编制了科学可行的《吉农养殖农民专业合作社发展规划》（以下简称《规划》），通过《规划》的八大块主要内容，为合作社制定了短期和中长期的发展目标，设计了组织管理机构，对合作社的主营业务、市场开拓、成本控制、财务制度等方面进行了合理的规划设计；课题组还为其设计了展板和合作社徽标，如图2所示。

图2 公主岭吉农养殖专业合作社徽标

注：该徽标由农经系 2009 级本科生黄荣基设计。

第三，组织理事长赴敦化、四平等地考察典型合作社发展。通过数次实地调研考察以及相关政策、资料的理论学习，理事长对吉林省比较前沿的合作社发展模式及动态有了较为直观的理解，并将这些理解予以适用，对合作社近几年的快速发展有着直观的促进作用。

第四，举办吉林大学首届农民培训班。2010 年 12 月，针对吉农养殖合作社社员培训问题，吉林大学农经系申请专项经费 10 万元，联合吉林省农委、商学院的经营专家举办了为期 7 天的吉林大学首届农民培训班，为该合作社培训了30 名社员。培训主题是"组建农民合作经济组织的规范与模式选择"，围绕这个主题进行了四项重点内容的培训：①农民合作理论与国外实践经验专题讲座；②农民专业与兼业合作经济组织的规范程序：组建原则、章程、程序、模式及组建法律依据；③农民参与合作经济组织的基本业务培训：电脑基础知识和 Office 应用软件的讲授；④赴典型合作社实地考察。这次培训让参训社员初步具备了参与合作的意识和能力，能科学地选择出适宜的合作社模式，并按规范的程序组建起合作社。这些参训社员后来都成为合作社发展的骨干，这次培训直接帮助吉农养殖合作社率先成为四平地区新型经营主体发展的典型。

3 经营状况

3.1 合作社在农经系扶持下快速发展

2011 年开始，合作社内部组织分工逐渐明确，管理走向规范化，合作社迈上了发展的快车道：于 2011 年 3 月注册了"岭丰源"商标，2011 年 8 月，"岭丰源"牌蚯蚓鸡蛋参加了第十届长春农业食品博览会，获得金奖；2011 年前 9 个月纯收入达到 9.7 万元，10 月被省农委评为"吉林省农民专业合作社优秀示范社"；2012 年被吉林省畜牧局和吉林省信用社评为"畜牧业农民专业合作社示范社"；2013 年合作社年经营收入达到 63 万元；2014 年被评为"国家级农民专业合作社优秀示范社"，并负责公主岭市大学生创业产业园养殖项目；2015 年合作社年经营收入达到 247 万元，入社社员户均收入达到 9700 元，比未入社社员高出 1100 元。

社员数量方面，2011 年 9 月合作社的入社社员已达 56 户，2013 年新增社员 40 户达到 156 户，2015 年 12 月入社社员已达到 176 户，各部门运转均步入正轨，发展迅速。

表 1 吉林大学农经系扶持吉农养殖专业合作社发展历程及取得的成绩

时间	合作内容
2009 年 7 月	在农经系的倡导下，吉农养殖专业合作社成立，主要经营生猪和蛋鸡的饲养，社员 6 户，注册资金 260 万元
2009 年 8 月~2010 年 3 月	合作社无进一步发展

时间	合作内容
2010 年 4 月~ 2011 年 5 月	农经系师生并联系相关养殖专家直接参与了合作社的整体运行规划设计
2010 年 12 月	农经系申请专项经费为合作社全体社员举办了为期一周的专题培训,社员明确了发展思路
2010 年 4 月	合作社注册"岭丰源"商标
2011 年 8 月	"岭丰源"牌蚯蚓鸡蛋参加了第十届长春农业食品博览会,被评为金奖农产品
2011 年 9 月	合作社开始在南崴子街河北村五组建设占地面积 8600 平方米的科研转化基地
2011 年 11 月	被省农委评为"吉林省农民专业合作社优秀示范社",社员达到 75 户
2012 年 1 月	与农经系签订校外合作基地协议,农经系与其开展 CSA 实验
2012 年 11 月	被吉林省畜牧局和吉林省信用社评为"畜牧业农民专业合作社示范社"
2014 年 1 月	韩国江原大学李晒午教授一行 5 人前往合作社调研,寻求国际合作
2014 年 9 月	被评为国家级农民专业合作示范社,社员达到 156 户
2014 年 10 月	吕伟被指定负责公主岭市大学生创业产业园养殖项目,划拨经费 60 万元
2015 年 12 月	入社社员达到 176 户,入社社员户均收入达到 9700 元,比未入社社员增收 1100 元

注:数据由作者本人根据双方合作实情整理。

3.2 依靠科技创新及多元化发展规避风险

合作社坚持"科技创新,合作共赢"的原则,以创建品牌增加社员收入为最终目的,整合资源,科学分工,科学管理,化解了发展过程中的许多风险:

首先,自建饲料厂降低养殖成本。2013 年对于整个养殖行业来说是艰难的一年,人禽流感事件影响整个养鸡行业,使大部分养殖户亏损,还有"跌跌不休"的猪价,由于合作社自建有饲料厂,不但从源头上控制了产品的质量还降低了养殖成本,最大限度地提高了养殖户的收入。

其次,依靠科技打造自己的品牌。合作社生产的"岭丰源"牌蚯蚓鸡蛋所用的饲料是由吉林大学多名动物营养专家精心研制,科学组方,配以新型的动物蛋白饲料——蚯蚓及野生的中草药等,生产工艺绿色无公害、无抗生素类药物残留,从源头上保证了产品的质量。

最后,建设科研转化基地并投入使用。2011 年,合作社投资 400 万元开始在南崴子街河北村五组建设占地面积 8600 平方米的科研转化基地,该基地于

2013 年全面投入使用。它不仅给合作社带来每年近 4 万元的纯收入，还解决了部分劳动力的就业问题。

4　经验教训

4.1　成功经验

吉农养殖专业合作社在短短几年内由一个只有 6 户的小合作社发展到如今成为国家级农民专业合作社优秀示范社，拥有社员已达 176 户这样的成绩，其由无到有、由弱到强的成功经验值得我们思考和借鉴：

第一，组建科技专家大院解决了不同学科专家协同服务的问题。这是吉农养殖专业合作社发展到现在最重要的成功经验。专家大院包括两组顾问团队，一组由农经、管理学专家教授组成；另一组由畜牧、兽医专家教授组成，专门针对合作社发展过程中的经营管理、养殖、疫病防治、饲料配方等问题，并随时解决。合作社在组建一年后，专家团队为该合作社举办了农民培训班，一共培训了 30 名社员，使这些社员对农民合作理论、农民专业与兼业合作经济组织的规范程序以及一些基本业务的操作有了一些基本的认识，明确了未来的发展思路，制订了合作社的整体运行规划。

由此可见，专家大院是科学技术、专业知识转化为现实生产力的"孵化器"，是现代农业社会化科技服务体系的新模式。通过专家大院的扶持，能有效解决合作社发展的难题，加速高科技成果的利用和转化。

第二，建设农林实践基地促进人才培养与合作社发展"双赢"。合作社先后被建设为吉林大学农林实践基地和农业推广硕士专业学位研究生培养实践基地，每年接纳农经专业及农学、畜牧兽医专业师生前来从事科研及教学实习。这不仅给学生带来了实习的机会，积累了实践经验，扩展了视野，从而提高了人才培养质量。更重要的是对吉农养殖专业合作社发展产生了引智作用，促进合作社树立更加先进的经营理念、做出更加合理的产品定位。

近年来，不少本科生在合作社找到了大创选题，以吉农养殖专业合作社为调查研究对象，结合所学知识，撰写调研报告，设计创业计划书，提出服务"三农"策略。此外，农经系与合作社共同研究农产品营销、乡村旅游、循环经济、生态环境建设、创业管理等问题，开展农业推广理论与实践课程、农村区域规划课程等课程实习，这些科研项目及教学实习为社员带来了丰富的理论知识和创新的发展思路。

第三，参与 CSA 实验，创新农科教结合模式。2012 年开始，与合作社开展了 CSA（社区支持农业）实验。该实验期初由本专业成员预交经费给吉农养殖专业合作社，定制绿色无公害猪肉及蛋、禽等，合作社根据我们的要求养殖生猪并配送到目的地，在此过程中，本专业教师既是消费者，同时也是 CSA 实验的研究人员。

与传统农产品销售模式不同，CSA 模式没有批发商、零售商等中间环节。生产者直接面对消费者，使 CSA 在降低了流通环节附加值的同时，还进一步消除了生产者与消费者之间的信息不对称，使消费者意愿能够充分体现到生产环节，消除了中间环节的信息扭曲。这样，CSA 一方面能够降低市民对于有机农产品的需求费用；另一方面还能进一步吸收农业发展所需成本，降低农产品生产风险，提高创新特色农产品附加值，提高农民收入水平，从而使生产者和消费者达到"双赢"。

表2　传统农产品销售模式与 CSA 模式生产到销售环节比较

传统农产品销售模式	CSA 模式
生产者 ⟷ 批发商 ⟷ 零售商 ⟷ 消费者	生产者 ⟷ 消费者

具体做法是吉农养殖专业合作社专门划分一块生产区域用于"笨鸡""笨猪"的养殖，与吉林大学农学部的老师、长春市天嘉水晶城小区居民进行 CSA 合作，由居民、合作社共同出资用于生产投入，共担市场风险，合作社按照居民的需求采用科学的粮食配比对"笨鸡""笨猪"进行养殖，定期为居民配送，省去了中间一系列流通环节，品牌有机猪肉市场价一般为 80 元 1 斤，而吉农养殖专业合作社的"笨猪肉"只有 30 元左右，于是，通过价格和品质的双重优势使吉农养殖专业合作社迅速扩大市场。

开展 CSA 实验，在食品安全危机一次次成为社会舆论关注焦点的时候，市场上的有机食品良莠不齐，居民对安全、健康、可口的有机农产品的需求越来越强烈的时候，这一模式不仅解决了合作社农产品销售问题和社员增收问题，使农经系师生吃到放心的肉、蛋等食品。此外，还拓展了科研思路，本学科师生在多篇论文中均引用了这一案例，取得一些科研成果。

此外，该合作社的成功运行引起韩国农经专家的浓厚兴趣，多次进行深入调研。

4.2 需改进之处

吉农养殖专业合作社发展到今天这样的成绩并不总是一帆风顺的，也走了许多弯路，经历了很多问题：

第一，运营机制不健全。合作社在初级探索阶段时，诸多的经营活动尚未流程化，同时由于社员的接受程度偏低，导致了社员对经营流程不熟悉，难以科学地安排生产经营活动中的相关事宜。集中体现在各种资源分配比例不合理、物流环节薄弱、财务分配不合理等方面。合作社当时还未完全实现统一标准化生产，未在养殖过程中的各个环节严格实施标准操作规程，最后导致了产品质量存在一定的参差不齐，对合作社的产品市场销售效益产生了消极影响。

第二，未明确权责关系。社员经营管理知识的匮乏和自身的局限性不利于对其进行管理和统筹安排，他们习惯从自身利益出发，使合作社这一新型模式依旧受小农意识牵绊。合作社的分工很多时候与利益产生联系，多做就多得，然而由谁来做则由理事长进行分配，造成了分工的不合理性。如市场部并没有承担其所应该承担的责任，相应的市场活动都是由理事长以及一两个社员对市场进行零散的探索与开发，而他们的这种行为活动完全是凭借着自己对于合作社经营的信念，以及自己的奉献精神作为支撑，没有任何的金钱或是其他方面的激励。理事长等人开发出来的市场属于全体的社员，社员盈利后的钱直接进入社员的口袋，并没有进入到合作社的集体账户进行再次分配，也就造成了"吃大锅饭"的现象。

因此，合作社一定要加强社员对经管知识及合作社相关知识的学习和积累，合作社在实际运作中要从内部形成规范的管理章程，严格按照合作社的一些规章制度来进行，强化社员对合作社的"合作"理解程度，使他们了解合作社的经营规范及合作社的盈利模式。裁撤有名无实的部门，发挥各个社员的特长，担负起所在部门的责任，做到人尽其用。实行严格标准的流程化操作，保障产品质量的稳定。

第三，合作社市场定位不科学。企业根据竞争者现有产品在市场上所处的位置，针对顾客对该类产品某些特征或属性的重视程度，为本企业产品塑造与众不同的、给人印象鲜明的形象，并将这种形象生动地传递给顾客，从而使该产品在市场上确定适当位置的营销过程称为市场定位。

吉农养殖专业合作社主营猪肉、蛋鸡以及相关加工产品，该类产品在人们日常生活中占有相当大的比重且属于缺乏弹性的生活必需品，即此类产品在消费者心中已经形成固有的产品定位，吉农养殖专业合作社如何确立与众不同市场定位就显得尤为重要。但就现状来看，该合作社并没有完成这一关键的营销活动。

吉农养殖专业合作社在对自己产品进行定位的同时，没有动态地考虑合作社自己的未来发展问题，以及消费者未来的消费倾向，企业的盈利水平等诸多方面的问题，也就是说合作社市场定位不科学。

合作社应当使本社的产品与其他合作社明显区分开来，使顾客明显感觉和认识到这种差别，使顾客在面对同类产品的选择过程中能够根据所宣传的差别定位迅速地做出适合自己的选择，从而使本合作社的产品在顾客心目中占有重要的位置。合作社尽管在性质、组织和原则上与一般企业不同，但在市场竞争中，绝不会因为它的独特之处而受到特殊对待，故合作社在进行市场定位时必须营造竞争优势、突出特色经营。

第四，不重视生态效益。吉农养殖专业合作社并没有实现集体活动高效利用原来散户无法利用的资源，生态效益并没有体现出来。这种生态效益不高的活动主要表现在：生猪饲养过程中能量流转过于单一化，传统意义上的废物（动物排泄物等）直接被弃置于户外，不仅其中的能量没有被挖掘出来进行再次利用，而且对社员所在的居住环境也造成了严重污染，合作社在能量的使用和流转上并没有实现层级化的多元利用，也没有发挥其应有的生态效益。而合作社的生态环境需要整顿，废物的有效利用不仅可以解决现有的环境问题，还可以供应一部分必须电气能源；但吉农养殖专业合作社并没有专门的设备保证生态效益的发挥，也没有对生态能量循环进行规划。

农业生产中的生态效益，是使农业生态系统各组成部分在物质与能量输出输入的数量上、结构功能上，经常处于相互适应、相互协调的平衡状态，使农业自然资源得到合理的开发、利用和保护，促进农业和农村经济持续、稳定发展。合作社作为一个生产系统，应该具有较高的生态效益。

5 未来发展趋势

5.1 通过培训逐步提高社员的经营管理素质

吉农养殖专业合作社将继续加强与专家大院顾问团队、实践学生的沟通与交流。扩大培训班的规模和次数，或直接组织社员报名到高校进修学习《中华人民共和国农民专业合作社法》和相关的经营管理知识，使社员对农民专业合作社作用的理解更加深刻，对自己在合作社经营中的贡献有进一步的定位和认识等。进一步明确合作社的组织结构，制定属于自己合作社的组织结构，明确自己合作社的管理阶层；完善合作社的章程，任命合作社的各管理阶层的人员、确保他们明确自己的职能，各展所长、各司其职，互相配合，团结协作；进一步制订合作社的发展规划，合作社发展的短期目标、长期目标等，让合作社的运营标准化，一步一步实现各项目标。

对理事长等管理阶层的人进行培训，学习更加先进的管理方面的知识，懂得如何去管理别人，懂得分配任务，如何促使大家分工协作，更好地发挥团队力量。督促新入社社员参加合作社知识普及培训，提高整个合作社的凝聚力。

5.2 提升品牌竞争力、科技创新能力，开创品牌农业驱动模式

科技创新、品牌效益无疑是合作社获取更高利润的选择。品牌塑造是一个系统长期的工程，品牌知名度、美誉度和忠诚度是品牌塑造的核心内容。吉农养殖专业合作社在未来的发展规划中要采用如下步骤：

首先，保持良好的产品品牌终端能见度，使消费者在不同的终端售点都能够

看到本品牌。例如，不同的卖场、超市、社区便利店、批发市场等，实现农超对接。在不同的消费环境下接触本品牌次数越多，消费者就会潜移默化地记住本品牌，同时逐渐对品牌产生好奇和兴趣，进而直至产生购买行动。良好的品牌终端能见度是本合作社提高品牌知名度最有效的一种方式。为了未来实现最大化的品牌终端能见度，合作社要在一定的市场范围内尽可能多地实现产品铺货。

其次，运用广告提升合作社的影响力。合作社适宜选取低成本的有效宣传媒体，如横幅广告、墙体广告、经销商门头广告、报纸挂牌广告等，也可在一些地方电视媒体发布节日挂角广告。

最后，发挥公关亲和力。品牌留给消费者的形象认知，更多地来自于企业的行动。在有了一定的品牌知名度后，就应注重提升品牌声誉度和忠诚度，进一步让消费者增加对品牌的好感和认知。公关活动可以更好地提高品牌的亲和力，赢得消费者的好感和尊敬。常用的公关方式有赞助、参加公益活动等。

吉农养殖专业合作社早已经于 2011 年 3 月注册"岭丰源"商标，社员们如今不能再只局限于养殖传统的品种，产品定位逐渐从低端市场向中端市场乃至高端市场进军，如今，随着人均收入水平的提高，消费者的消费能力也逐渐提高，人们不再只满足于物美价廉的产品，将会有很大一批群体更多地关注产品的品质、安全。品牌就是合作社的一张名片，当消费者某天看到"岭丰源"就会联想到它代表着优质、安全、可口的产品，这就形成了品牌驱动模式，能够带给吉农养殖专业合作社更广阔的市场。

5.3 进一步探索发展 CSA 实验

吉农养殖专业合作社要抓住现在的有利条件，继续扩大 CSA 的试点区域，加强产品和客户管理力度：

（1）尝试产品深加工。吉农养殖专业合作社可以考虑对产品进行深加工，提高农产品的附加值。如开发一种烹饪秘方，将"笨鸡""笨猪"加工成熟食，一方面通过独特的制作工艺和口感可以吸引更多的客户，另一方面通过产业链的延长，获得更多的利润。

（2）确保 CSA 产品的质量安全。当前，吉农养殖专业合作社生产的"有机"产品并未得到国家的有机认证，其生产条件如土地、水源情况是否满足有机产品的生产条件，操作过程中是否存在污染，而且，产品直接面对消费者，其间没有政府以及第三方检疫环节，因此，合作社很难保障其农产品完全没有疾病风险，一旦出现食品安全事故，后果不堪设想。吉农养殖专业合作社应该加强产品养殖期间的防疫消毒工作，聘请第三方机构为产品进行安全性检疫，确保食品安全万无一失。

（3）采取多元化的方式吸纳客户。吉农养殖专业合作社应根据不同消费群体的差异，进行差异化的产品设计。如面对老年人群体，加大 CSA 产品疗养功能、生态功能的宣传；针对中年消费群体，加大其安全性、品质的宣传；面对青少年消费群体，加大其营养性、脑力发育功能方面的宣传。根据不同客户市场的特点开发 CSA 产品，从而扩大客源市场范围，提高消费者参与率的目标。另外，吉农养殖专业合作社可以鼓励现有的客户加入到宣传队伍中来，通过他们的口碑去宣传吸纳更多的客户，为介绍新客户的客户提供一些产品的折扣或免费赠送一些农产品，提高他们的参与积极性。

CSA 社区支持农业未来发展空间极为广阔，将是未来农产品销售的重要创新模式。CSA 作为吉农养殖专业合作社的重要农产品营销模式将是其未来重要的发展方向。

综上所述，以专家大院模式扶持公主岭吉农养殖专业合作社，开创了社会科学和自然科学协同的农业推广模式，促进了产学研用的有机结合，实现了多方面的共赢：①合作社得到了长足发展；②提高了高校人才培养质量；③师生科研水平得到了提高。

参考文献

[1] 吉大硕士研究生培养实践基地落户公主岭 [EB/OL]. http：//www.gongzhuling.gov.cn/Gzl/site/gzl/news/n4586505486.html.

[2] 潘鸿等. 吉农养殖合作社发展问题探析 [J]. 江苏农业科学，2011（6）：8.

[3] 潘鸿等. 高校农经学科服务现代农民培育与新农村建设之思考 [Z]. 中日韩国际学术研讨会主题报告，辽宁沈阳，2012–9.

[4] 潘鸿，田汉. 基于两种农地流转模式的新型经营主体培育问题的思考 [J]. 吉林农业，2014（4）：7–14.

讨论题

（1）专家大院模式是一次农业技术推广模式的大胆创新，请总结一下该模式所运用到的相关理论以及运行机制，并尝试阐述一下该模式的适用范围。

（2）选取一个你认为能够引进该模式的合作社或者地方，说明一下专家大院模式在该地区应该如何因地制宜地引进？

（3）除了文中总结的经验教训和对策，你还发现了哪些问题？针对你发现的问题，该如何应对？

（潘鸿、潘勇、任亮）

陈家店村模式

——土地流转撬动出的"东北小华西"

案例概要： 陈家店村的农地流转已实施 10 年有余，主要通过反租倒包和土地置换实现了土地集约经营，农民上楼、劳动力流动等具有显著特色，基础设施建设逐步完善，村容整洁，专业化、组织化、社会化相结合的新型农业经营体系初步形成，专业大户、农民合作社快速发展，有"东北小华西"之称。经过十多年的发展，陈家店村依托土地的流转及村办企业的资金积累，其专业化、组织化、社会化相结合的新型农业经营体系已初步形成，但其土地流转方式颇具争议，农民就业、社会保障等问题存在隐忧。

案例主题词： 新农村建设；农村土地流转；农民专业合作社；新型经营主体培育

1 背景

经过 30 多年的改革发展，我国农业农村发生深刻变化，生产力大大发展，科技贡献率不断提高，农业机械化快速推进，各类新型经济组织发育成长，社会化服务更加便利。但是也应看到，随着我国工业化、城镇化快速推进，农业呈现高成本、高风险、资源环境紧约束、青壮劳动力紧缺的态势，农产品需求总量刚性增长、供求结构性矛盾突出，谁来种地、怎么种地的问题日益严峻。2013 年"中央一号"文件提出了培育新型经营主体，构建集约化、专业化、组织化、社会化相结合的新型农业经营体系的历史任务，新型经营主体，包括专业生产大户、家庭农场、农民合作社、农业企业等。党的"十八大"和 2016 年"中央一号"文件随之也提出要持续夯实现代农业基础，推进农村产业融合，促进农民收入持续较快增长；要推动城乡协调发展，提高新农村建设水平，提高农村公共服务水平，开展农村人居环境整治行动和美丽宜居乡村建设；要加强和改善党对"三农"工作领导，深入推进农村改革，增强农村发展内生动力，创新和完善乡村治理机制，深化农村精神文明建设等。

根据我国整个形势发展需要，要培育新型的农业主体，需引导农民土地流转，发展多种形式的土地规模经营，以带动美丽宜居乡村建设，提高农村居民生活水平。吉林省是农业大省，具备发展集约化、规模化、机械化经营的区域，由于耕地资源丰富，吉林省农业发展呈现一定的资源诅咒现象，其农村土地流转模式不同于浙江、江苏等南方地区，进而其新型经营主体的培育也具有自己的特点。2006 年起，我们对吉林省陈家店村镇进行了十多次实地调研，内容涉及陈家店村农村经济社会发展的各个方面。

陈家店村的农地流转已实施 10 年，主要通过反租倒包土地置换取得了土地集约经营，农民上楼、劳动力流动等具有显著特色，基础设施建设逐步完善，村容整洁，专业化、组织化、社会化相结合的新型农业经营体系初步形成，专业生产大户、农民合作社快速发展，有"东北小华西"之称。

2 陈家店村基本情况

陈家店村，位于吉林省长春市农安县合隆镇北 3 千米处，东邻 302 国道，西邻长白公路，南距长春市区 16 千米，北距农安县城 45 千米。陈家店村位于农安县西南角，地势平坦。全村由 10 个自然屯组成，979 户 3334 人，劳动力 1200 多人。幅员 10.96 平方千米，现有耕地面积 793 公顷，林地面积 41.93 公顷，水域面积 11 公顷，截至 2015 年底，共计 1171 户 3898 人。2005 年之前，陈家店村是有名的贫困村，仅村集体经济负债就达 130 多万元。然而经过 10 年改革的陈家店村发生了翻天覆地的变化，已成为农安县乃至长春市最具发展活力和发展潜力的先进村。

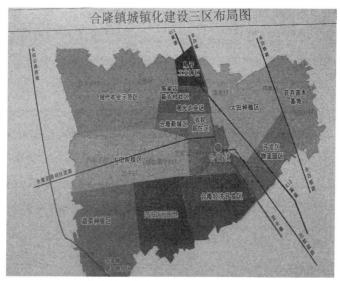

图1　合隆镇陈家店村位置地图（来源于网络）

陈家店村具有明显的地理位置优势、交通优势和丰富的自然资源，是很多商家的投资宝地。然而在与投资者洽谈的工程中，由于农村土地分散经营生产方式，却让村委会处于十分尴尬的境地，导致许多项目无法进行。为了解决这一矛盾和问题，近年来，陈家店村党支部在政府惠农政策的支持下，充分利用自身原有的有利条件，坚持以农民为主体、以农业经济为核心，大力实施工业带动、牧业拉动、文化推动的发展战略，决定实行土地流转，集中土地、资金和人力资源实行规模化经营，建立农业生产经营新机制，促进传统农业向产业化、规模化、综合化、标准化的现代农业发展，进而促进新农村建设。经过探索，初步形成了"散户土地出租—合作社规模经营—发展现代农业"的土地流转模式，在经济、文化、社会等各项事业上均取得较大成就，全村综合实力显著增强，人民生活水平明显提高，摆脱了贫穷落后的局面，逐渐在全省乃至全国农村发展中占据领先地位。

陈家店村以社会主义新农村建设为总抓手，繁荣经济，富村裕民，取得了可喜成果。2008年，全村经济收入2880万元，农民人均收入5500元；2013年，实现工业产值2040万元，农业产值1480万元，特色产业收入120万元，村集体固定资产达 5000 万元，农民人均收入达 12000 元。先后受到了国家、省和市有关部门的表彰，先后荣获多个先进荣誉称号，如表 1 所示。

表 1　陈家店村近几年所获先进称号

荣誉称号
全国优秀农民专业合作经济组织
国家科技部科技示范村
长春市新农村建设示范村
全国创建文明村镇工作先进村镇
第四届全国创建文明村镇工作"先进村镇"
全国科普惠农先进单位
全国优秀农民专业合作经济组织
全国科技示范村
中华人民共和国科学技术部"首批新农村建设科技示范村"
中央政策研究室农业部"吉林省农村固定观察村"
全国妇联基层组织示范村
吉林省民主法治村
吉林省农民专业合作社示范社
吉林省农村文化大院建设示范点
吉林省平安家庭示范村
长春市新农村示范村
长春市村庄整治工作先进集体
长春市先进基层组织
长春市五星级合作社
长春市"守合同重信用单位"
农安县社会治安综合治理工作标兵村
农安县社会主义新农村建设先进村
全国优秀基层党组织

3 陈家店村发展现状和特点

在近 10 年的改革与发展历程中，陈家店村能取得如此的成绩，主要得益于七个方面：好的领头人、服务型的党组织、民主决策、农地流转、组建合作社、开办股份制企业、关注民生。这七点相互融合、相互促进，共同打造了陈家店村。

3.1 领头人带动方面

陈家店村的领头人是村书记林青远，1965 年 12 月出生，2004 年 7 月入党。由于家境贫困，18 岁辍学开始做工，先后从事过村级防疫员、干过养殖、卖过饲料，最穷的时候曾欠债几十万元，但凭着一股坚韧的毅力和为人的忠厚老实，最终将自己的事业推向高峰，成立了自己的饲料公司，身价过千万元。2005 年，他看家乡陈家店村还沿袭着一家一户的小农经营模式，老百姓的生活依然不富裕，便毅然放下自己的生意，挑起了村党总支书记的担子。经过反复调查研究、深入论证，陈家店把承载着全村未来和希望的第一个项目，选择在老百姓熟悉、市场风险相对较小的原废弃砖厂的重建上。2005 年以来，林青远带领村民以农民入股的方式先后成立了红砖厂、空心砖厂等企业，每年入股的村民都能分到可观的红利，村民由农民变成了股东和公司工人。

2008 年，林青远带领村班子成员整合 3 个专业合作社和 3 户股份制企业，注资 500 万元成立了吉林省众一农业开发集团有限公司，标志着全村经济开始向集团化和品牌化方向发展。同时，成立了众一农业发展集团公司党总支，组建了党支部，实行村党总支与各产业党支部班子成员"双向进入、交叉任职"，形成了"村党总支+公司+合作社"的"1+2"党建富民新模式。陈家店村党总支于2013 年升级为陈家店村党委。村党支部按照现代企业的管理理念，结合村里的实际情况，建立了一整套具有陈家店特色的管理制度和运行机制。成立董事会，由股东推选董事，并完善财务管理、质检、安全、预算等一系列目标管理责任制度以及董事会定期向股东通报企业生产经营情况制度、股东监督董事会工作制度等。

林青远将自己打拼十几年的企业全部交给了妻子打理，他却选择回到自己的家乡，当了个负债累累村的村书记，他以一名优秀共产党员的赤子情怀，书写着对党和人民的无限忠诚，陈家店村在他的带领下，大胆创新，一步步走上了富强发展之路。他个人也曾先后获得"吉林省劳动模范""全省 20 佳党支部书记""全市科学技术协会系统先进工作者"等荣誉称号。

3.2 土地流转方面

2006 年起，陈家店村按照群众自愿、适当集中、统一管理的原则，以租赁的方式流转土地 300 多公顷，占全村总耕地面积的 37%。当时，林青远力排众议，将每公顷耕地的年租金定为 10000 元（这一标准当时在全国是比较高的。目前这一标准已提高到 15000 元，相应的补贴款也支付结租出户）。这一租金标准极大地增加了村民流转土地的意愿。然后，陈家店村积极发挥区位优势和农业发展基础优势，综合考虑土地规模经营、农业机械化发展、农业基础设施建设等方面因素，将租赁的这些土地进行了统一规划和布局，将土地的使用权通过市场的方式承包给农业经营大户从事粮食、蔬菜、花卉、北虫草等作物的生产，在稳定粮食生产的同时，大力发展经济作物，建设都市农业。2010 年以来，在市人大和国土资源部门的积极支持下，陈家店村实施了土地增减挂钩改革试点项目。土地挂钩改革试点项目区包括拆旧复垦区和建新区，通过 10 个自然屯合并整理出土地 147.92 公顷，建新区面积 20 公顷，复垦土地 127.92 公顷，所得土地出让金全部用于新社区建设、村公益事业建设。

3.3 新型经营主体建设方面

陈家店村的经营主体主要包括村办企业、农民专业合作社及专业生产大户。

3.3.1 龙头企业带动综合社与专业社协调发展

2009 年，陈家店村在原有合作社和股份制企业的基础上，大胆创新，改变传统的农业产业结构，进行调整和有效整合，采取"党委+公司+合作社"的"1+2"新模式，建立了农安县第一家以农业类型注册的集团公司——吉林省众一农

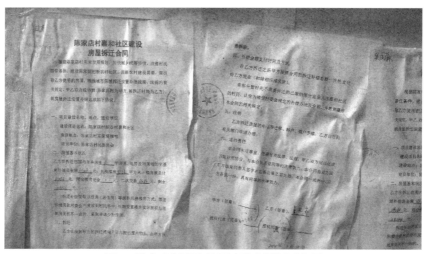

图2 陈家店村嘉和社区建设房屋拆迁合同

业开发集团有限公司（以下简称众一集团）。众一集团是陈家店村的农业产业化重点龙头企业，在培育主导产业、推进产品布局、引领农民致富等方面发挥重要作用。

众一集团作为陈家店村全体村民的共同事业，其成立之初，在全村实施股份分配制度，即凡是陈家店村村民，在符合《吉林省众一农业开发集团有限公司股权分配与认购办法》的条件下，都可无偿获得价值500元的股份一个。在土地流转过程中，村民每十亩地可获得租赁收入17000元，其价格平均高出其他地区3000元。此外，通过"居民上楼"工程，拓展了将近90万平方米的耕地，大大增加了企业的土地资本。在企业经营管理过程中，200余名员工绝大多数来自本地村民，村民在流转土地获得收益的基础上，增加了务工性收入，提高了全村整体收入水平。同时，企业拥有大量本地劳动力，企业内部管理相对稳定，并在一定程度上节约了雇工成本，实现企业与村民的利益"双赢"。众一集团采用这种"捆绑式"的发展模式，激励全体村民齐心协力共谋发展，推动社会主义新农村建设，带领农民共同发家致富。

众一集团自2009年注册成立至今，总固定资产（固定资产+流动资产）达到4000万元，现下辖5家有限公司和3家合作社。众一集团在坚持"以农为本"的原则下，致力于打造一批特色鲜明、质量稳定、信誉良好、市场占有率高的"众一"品牌，促进本村进一步向规模化、产业化方向发展。如表2所示。

表2　陈家店村众一集团下属企业及其主要业务

序号	下属企业名称	主要经营业务
1	众一畜禽养殖专业合作社	生猪养殖
2	众一蔬菜种植专业合作社	果蔬种植
3	众一农业机械专业合作社	农业机械租赁服务
4	众一管道工程有限公司	水暖管道生产铺设
5	长春市众一汽车租赁有限公司	汽车租赁
6	长春市众一农业生产资料有限公司	砖瓦、农资生产销售
7	长春市众一园林绿化有限公司	绿化维护及咨询
8	长春市众一农副产品经销有限公司	农副产品加工及营销

注：数据来源于《2016年合隆镇陈家店村社会发展情况简介》。

2013年"中央一号"文件首次提出农民合作社的概念，据农业部农村经济体制与经营管理司关锐捷的观点，农民专业合作社指的是以某一个专业、某一个品种为基础的专业合作社，而现在农民专业合作社向联合的方向发展，才能够真正满足农民收入提高的需要，包括加工、流通。因此，仅仅提农民专业合作社已经不能涵盖整个农民专业合作社的发展趋势。农民合作社包括三层含义：一是社区的合作社，如集体经济组织的合作社；二是农民专业合作社；三是联合的合作社，是一种股份合作社。而陈家店村既有第二层含义的合作社也有第三层含义的合作社。在村集体（众一集团）的主导下，陈家店村的合作社主要包括众一种植合作社、众一农机合作社及众一养殖合作社，三个专业合作社均运行顺畅，专业合作社与众一农民合作社之间既分工又合作，实现了综合社与专业社的协调发展：

（1）蔬菜种植合作社。农安县众一蔬菜种植专业合作社于2007年10月27日成立，选址在陈家店金穗粮行对面，占地面积为3万平方米。于2008年春季开始建筑，当年建筑温室20栋，投资300万元。随后在市政府的大力支持下，扶持项目资金620万元，结合吉林省百万亩棚膜蔬菜工程，继续扩大温室建设，2010年温室建设项目启动，投资1200万元，占地面积15万平方米，建设标准化日光温室80栋，目前共有温室101栋。

为带动村民一起致富，蔬菜种植合作社温室以租赁的形式出租给村民，以实际保护种植面积每年每平方米12元的价格出租，蔬菜合作社每年收入约为70万元，股东年终按入股额度比例分红，每年给股东分红30万元。温室主要种植牛奶草莓、平菇、香菇、瓜果、君子兰、蔬菜等。年产各类食用菌、草莓、各种蔬菜等 150 万公斤，君子兰花 10 万株。

图 3　合隆镇陈家店村众一蔬菜合作社简介

（2）农业机械专业合作社。农安县众一农业机械专业合作社于 2007 年 11 月 5 日成立，成立之初股东 7 人（本村村民）集资 280 万元。制定了《农安县众一农业机械专业合作社章程》，选举并产生了理事长、理事、监事长、监事。合作社采取独立经营、村党委监督的运行方式，2009 年 12 月被省农委评为吉林省农民专业合作社优秀示范社。合作社成立之初购买自走式玉米收割机 6 台，轮式大马力拖拉机 6 台，履带式拖拉机 2 台，当时年作业面积达 450 公顷。

目前，农机合作社有大型机械 160 台套，2016 年又为农业机械配套了自动导航系统、作业计量终端、激光平地机、监控系统等计 14 套，真正实现了农业机械智能化。如表 3 所示。

表 3　众一农业机械专业合作社大型机械数量

序号	机械名称	数量（台）
1	自走式玉米收割机	30
2	轮式大马力拖拉机	27
3	免耕播种机	12

续表

序号	机械名称	数量（台）
4	深松整地机	2
5	农药喷洒机	6
6	卷移式喷灌机	7
7	平台自卸车	6

注：数据来源于《2016年合隆镇陈家店村社会发展情况简介》。

　　农机合作社主要从事流转土地耕种、农业耕作、农机租赁等业务，为村里及周边地区的农业现代化发展打下了坚实的基础。目前,合作社固定资产总值达1400万元。2015年合作社机收玉米2000多公顷，深翻深松土地作业面积800多公顷，播种面积500多公顷，创产值200万元，利润60万元，带动村里劳动力就业600多人，作业范围辐射农安县及周边地区。

图4　合隆镇陈家店村众一农机合作社

　　（3）畜禽养殖专业合作社。农安县众一畜禽养殖专业合作社于2007年4月18日成立，选址在陈家店机砖厂对过。由全体村民集资成立，股东的入股额度，每年按入股比例分得红利。建成的第一年出栏商品猪5000头。通过一系列的工作，村里与被占土地的农户达成协议，牧业区每年每公顷补贴被占地农户12000

元，并签订了租赁协议书。

合作社于 2017 年 5 月开始动工建设，至今 6 栋标准化猪舍已建成，并交付使用，每栋猪舍建筑占地面积为 810 平方米，并建保育舍一栋 260 平方米，总建筑面积为 5000 平方米。近几年共出栏商品猪 42000 头，创产值 5460 万元，纯利润 550 万元，解决劳动力就业 20 人。

（4）农安县众一农业专业合作联合社。因发展需要，2010 年 12 月陈家店村党委决定把 3 个合作社升级为农安县农业专业合作联合社，合作社理事长由林青远担任，升级后的联合社通过部门合并，使合作社运转更流畅，发展更快、更良好。目前，农安县农业专业合作联合社正朝着良好的方向发展，养殖、种植、农机具的规模都在不断扩大，农民收入不断增加。联合社成立后着力发挥联合会在农业产业化经营中的凝聚力，不断提高农业标准化、规模化、市场化程度和水平，促进农业增效、农民增收。积极引导联合社在会员创业融资方面建立交流合作平台，以联合社互助资金为基础，组织和指导其发展会员互助平台和扶贫帮困等活动。

3.3.2　专业生产大户颇具规模

扶持了 60 多个专业生产大户，包括君子兰、北虫草、食用菌、草莓、甜瓜等种植大户、农机大户及养殖大户，这些年专业生产大户平均纯收入均在 10 万元以上。大部分专业生产大户的特点是经营的土地面积不大，以发展设施农业为主，专业化程度较高。有 1 户承包 200 公顷土地的种田大户。

3.3.3　村办企业的发展喜忧参半

陈家店村的生产资料、管道工程等公司在壮大集体经济、增加农民收入、解决剩余劳动力就业的同时，其环境污染问题不容忽视。

3.4　民生建设方面

陈家店村一贯特别重视民生建设，力求打造一个宜居美丽新农村。村党总支规定：在股份制企业和专业合作社中，村上投资占 20%，所得收益作为集体经济积累。随着村集体经济的发展壮大，陈家店村改善民生的能力大大增强。近年来，先后投资 556 万元，建设完成 15 千米水泥路、15 千米沙石路；投资 14 万元，打了 8 眼机井，改善了农田基础设施建设；规划建设了现代农业观光园和新型农民社区嘉和社区，嘉和社区建设一期工程新建住宅楼 5 栋，可容纳 316 户。截至 2016 年，嘉和社区共建居民楼 23 栋，总投资 2.7 亿元，总建筑面积 14.95 万平方米，村民已全部入住。完善了村域公共文化服务体系，投资 20 万元，新建了村卫生所；建立了农民夜校和农民书屋，铺设了文化信息远程教育网络，开展远程教育，使党员群众学习科技知识、开展素质教育有了阵地场所；积极整合教育资源，全村孩子到教育教学环境更好的镇中心小学就读，购买了两台新型大客车专门接送学生。

表 4　长春近郊三种农村建设模式对比

比较项目		陈家店村模式	新农家村模式	南崴子村模式
土地流转		规模大，反租倒包和土地置换结合	规模小，自发为主	规模小，自发为主
新型经营主体	专业生产大户	60 多户，较多，主要在种植环节发展设施农业，主要种植蔬菜、花卉、水果	低于 10 户，少	20 余户，主要从事粮食加工、蔬菜种植等
	家庭农场	1 户	缺	缺
	农民合作社	村干部领办型，综合社与专业社	数量少，规模小，尚无作用	农村能人带动型专业社
	农业企业	缺	缺	粮食加工
村办企业		红砖厂、空心砖厂，吸纳当地劳动力，但污染较重	无	无
村容		休闲广场、健身广场集中供热	整洁	一般
垃圾处理		有排水排污系统	全为粪尿分集式厕所，沼气池的安装完成，无排水排污系统	部分为粪尿分集式厕所，无排水排污系统
特色		创新发展，8 年内由著名的贫困村成为富裕村，"东北小华西"：土地流转有特色、生活环境良好、劳动力就地转移；土地集约化、机械化程度高；专业化、组织化、社会化相结合的新型农业经营体系已初步形成	典型的东北新农村发展模式：农民不上楼、生活环境良好、主要依靠集体经济带动	吉农养殖合作社从无到有，从弱到强，成为该村发展的引领者，是农科教合作结合的典型、已开展 CSA 实验
未来规划		建成现代化农村社区	以入股的方式流转部分土地建成采摘园，与长春高档社区开展 CSA 实验，着力发展合作社	发展乡村旅游、循环经济

陈家店村计划到 2015 年，村 1300 多户居民全部入住新楼，土地全部实现集约化经营，在全程机械化的基础上，配套指针式喷灌机、膜下滴灌等智能农业设施，采用高光效增产技术后，粮食产量将提高 10%~20%。截至目前，所有计划全部圆满完成。

图5　陈家店村嘉和村民社区居民楼

3.5　现代农业示范区

得益于自身优良的发展情况以及地理位置优势，根据吉林省率先实现农业现代化的总体精神，结合长春市、农安县率先实现农业现代化的具体部署和规划安排，2016 年陈家店村拿到了长春市现代化大农业综合试验区建设项目。规划建设面积 1000 公顷，打造现代农业产业体系、生产体系、经营体系统一协调发展的现代农业模式。在现代农业生产体系方面，通过高标准农田和全程农业机械化全面提升现代农业生产水平。在经营体系方面，陈家店村已完成农村集体产权制度改革，建立了现代农业经营体系框架。产业体系方面，已预留 10 公顷建设用地用于发展农产品加工业，将玉米、大豆及农副产品进行深加工后再行投入市场，实现工业与农业的相互融合。

2016 年，核心区建设面积 100 公顷，项目建设主要包括 8 项内容，项目计划总投资 10890 万元，其中国家和省投资 5790 万元，长春市投入 2000 万元，县里和陈家店自筹 3100 万元。

经过 10 年的发展，陈家店村依托土地的流转及村办企业的资金积累，其专业化、组织化、社会化相结合的新型农业经营体系已初步形成，但其土地流转方式颇具争议，农民就业、社会保障等问题存在隐忧。

4　陈家店村土地流转模式

4.1　陈家店村土地流转模式的现状

4.1.1　合作社集中经营，土地经营权变财产性收入

2008 年 9 月，陈家店村村民代表大会决定，全村实施土地流转集中由合作社经营。陈家店村众一蔬菜种植专业合作社为了进一步发展，实现陈家店村农业机械化全程作业，合作社流转进本村农民的大量土地，合作社一年一付农民租金，每公顷每年的租金为 1 万元，比农民自己耕作每公顷要高出 2~3 千元，到 2009 年 7 月，合作社流转入土地 350 公顷，占全村土地的 45%。合作社协议约定"土地流转协议未尽事宜，由村民代表大会决议解决"这一条款保障农民利益不受侵害。例如，市场变化，农民自己耕种收益超过每公顷年收入 1 万元以上，通过农民代表大会决议，可以将合租社给付各农户的租金提高。

陈家店村集体为了"创造条件让更多群众拥有财产性收入"和"平等保护物权"，对把土地租给合作社农户的收益做了如下规定：①土地的租金，按原承包合同面积执行；②合同外的如各组机动地等的收益，按照该组的当年实有人口平均分配；③合作社当年盈余，拿出盈余总额的 40%，给全村土地参加合作社的农户，按当年实有人口平均分配；④上级支持的项目资金，所建筑的温室等固定资产，属于合作社成员的共同财产。

4.1.2　摆脱土地束缚，加快劳动力转移

土地集中规模经营后，离开土地的劳动力干什么？陈家店村集中土地涉及大量离地劳动力，鉴于此，陈家店村以大量集中土地为资源，发展本村企业，先后

建立砖厂、空心砖厂、节能墙体材料厂，各公司优先吸纳本村劳动力，离地村民实现了就地转移，当上了公司工人。生态养猪业、蔬菜种植等农业种养产业合作社常年直接解决劳动力就业；剩余劳动力则通过发挥现有常年在外务工人员的帮带作用，在县内外务工就业。同时，组建了农民工协会陈家店村分会，负责对村民在本村、县内外务工的组织协调工作，维护民工权益，有序发展劳务产业。使离地农民成功地实现了"农民变工人"的身份变化。

如图6所示陈家店村草莓种植采摘大棚。陈家店村通过对外出租蔬菜大棚，引进外来资本和种植劳力，种植君子兰等花卉作物，经营牛奶草莓等经济作物采摘大棚，发展初级观光体验农业，不仅对本村农户种植经营模式的改变具有带动作用，还在一定程度上提高了陈家店村的农产品竞争力和营销力。

图6　陈家店村草莓种植采摘大棚

4.1.3 稳定农民收入，解除农民离地后顾虑

陈家店村通过土地集中经营，流转土地的农民可以获得三方面收入：一是出租土地的保底金收入；二是在脱离土地后外出务工收入；三是合作社盈余分配。这样农民有了三重保险，较之已有的"股田制"土地流转模式，减弱了由于公司经营土地状况而造成农民收入的波动，降低了农民将土地作为资产投资的风险，从而为村民长期流转土地提供了稳定的条件。村民对此模式也非常放心，随着土地规模经营的迅速发展，农民保底收入租金与盈余分配会随之增加，形成了增收助农的"双赢"效果。

4.2 陈家店村土地流转模式的特点

无论从理论上讲，还是从实践看，陈家店村由合作社进行土地流转的模式较好地解决了当前我国农村家庭经营责任制面临的突出问题，对促进吉林省社会主义新农村建设有重大的意义。

4.2.1 合作社集中经营模式产权明晰

这一模式，形成了"三权分离"的局面，即土地归"集体"所有（所有权）、农民按户承包（承包权）、土地经营权可以自由流转（经营权）。这种"三权分离"的现状决定了农民拥有土地承包权已经不再是债权，而是一种具有物权属性的财产权利。土地合作社集中经营模式把土地所有权主体明确为农村的各农户个体，将农户个体的土地使用权明确为租金。所有权主体和产权界区均实现了明晰化。土地所有权是由国家掌握，分配权由集体掌握，农民拥有所承包土地的使用权，将使用权作为价值形态取得租金，合作社拥有土地的使用权并进行由市场调节的规模化生产活动。根据科斯定理，如果产权被明确界定和交易，则资源的使用将达到约束条件下的最大化。由此可见，产权明晰的合作社经营土地模式促进了农村生产要素的优化组合。

4.2.2 农民主体地位充分体现，农民进行土地市场化经营的风险合理降低

农户个体作为市场主体，产权主体的权利得到了充分的尊重与体现，愿不愿意将土地流转给合作社经营，完全由单个农户自己决定，不存在强制性。使农民对自己的承包土地究竟该如何运作享有话语权，农民的利益也得到了充分的保证。

在利益分配上，合作社以租金的形式对农民流转出的土地进行有价补偿，合作社与农民之间是一种债权与债务的关系，从而降低了农民以土地投资的风险，农民的收入不会因合作社经营的状况不良而减少。然而，合同规定合作社当年盈余拿出 40%，给全村土地参加合作社的农户，按当年人口平均分配。这样合作社是否盈利以及盈利多少决定了农民的利益分配，也决定了合作社经营者的利益，两者的利益关联关系使合作社经营者想方设法地增加规模效应，降低生产成本和管理成本，流转出土地的农户也会利用自身本土资源为合作社提供服务。实现了合作社、农户两者之间的共赢。由此可见，在农民权利、组织经营等方面，合作社集中经营土地也是占优势的。

4.2.3 土地流转过程中政府不合理介入的问题得到有效改善

陈家店村集体规定，全村土地自由流转集中由合作社经营，政府在土地流转过程中对其进行指导、监督。这一模式有效防止了农村政府把土地流转作为增加乡村收入的手段。合作社、农民作为土地流转的利益主体，农村集体组织不再是土地流转过程的中介者，这就排除了村集体组织在实际操作的过程中，由中介者变为土地的实际支配者的可能性。减少了村集体以极低租金收回农民土地，并以较高价格发包的现象。合作社以章程、合同、群众监督等制度规范其行为，透明度较高，而监督成本较低，有利于调动利益相关者的积极性，并不易产生"寻租"行为，从而有效地处理农村土地流转中各种权益关系，保障农民实现土地流转的合法权益。

4.3 陈家店村土地流转的效果

4.3.1 促进土地规模化经营，降低生产成本

据调查，陈家店村通过合作社集中经营土地的形式，使土地逐步向种田能手和农机合作社等经济实体集中，实行机械化经营，提高了土地产出率、劳动生产率和规模效益。该村 2009 年推广全程农机化作业集中流转土地 357 公顷，使全村 650 公顷实现规模化经营，降低了生产成本。经测算，实行机械化后，每公顷种子消耗由原来的 45 千克减少到 35 千克，节约费用 100 元；降低化肥损耗，平均每公顷节省底肥 55 千克，节约费用 130 元；减少用工量，提高了劳动效率，平均每公顷用工由 90 个减少到 26 个，节约用工 64 个，占 71.1%，按最低每个

工日 10 元计算，节约用工投入 640 元。上述三项合计节约费用 870 元。全程农机化每公顷需增加机械投入 310 元。综合计算，实行全程机械化作业每公顷节约费用 560 元。

4.3.2 带动农村劳动力转移，提高了农民收入

农民通过土地流转转出自己承包土地，使之从种植业生产中转移出来，安心从事其他第二、三产业以及外出打工。根据测算，在陈家店村这样的粮食主产区，按每家农户平均耕种 1 公顷土地计算，土地流转前，产粮 9000 公斤，按每公斤 0.80 元计算，毛收入 7200 元，扣除物化成本 2500 元，纯收入 4700 元；土地流转后，流转费按 7000~10000 元计算，外出打工收入按 3000~5000 元计算，两项合计一年纯收入可以达 8000~12000 元。实行土地流转，既解放了农村劳动力，又增加了收入。

4.3.3 推进农业产业结构调整，提高了经济效益

农村土地流转，促进了农村产业结构、农业内部结构的调整与升级。陈家店村利用流转出的大面积土地，兴建了 26 栋蔬菜大棚，实行分散经营、集中统一无公害蔬菜园区化管理方式，统一提供种植、管理、防病等全程技术服务，农户收入普遍提高，年生产各类蔬菜 20 万斤，产值 160 万元，种菜农户均增收 3000 元，同时陈家店村还组建了占地 4300 平方米的畜禽养殖专业合作社。每年出栏商品猪 1.5 万头，获利 260 万元，养猪户年均增收 3500 元。

5 陈家店村发展规划

陈家店村结合省市县镇"十三五"现代农业发展规划，立足于现代化大农业综合试验区核心区的战略位置，聘请北京知名规划公司制订未来五年及更长远时期陈家店村发展规划。目标是，结合陈家店村现有基础条件，重点建设集农耕文化、黄龙府文化、现代农业为一体，以乡村旅游、休闲旅游为主要功能的农业主题公园。建设内容包括各类农作物展示区、室外运动、蒙古大营、黄龙寺、智能温室（物联网+智慧农业）、农产品加工及物流园、酒文化交流体验区、国家级职

业农民实训基地、餐饮住宿区等。同时，近期计划成立"农民资金互助"合作社，筹集和调剂社员的闲余资金，缓解合作社及入社成员贷款难的问题。贷款的主要投向是"三农"领域，确保新型农村合作金融不偏离支农方向。

陈家店村作为农业先进技术带动核心区，旨在大力融合第一、二、三产业，发展以农业为主体，工业、服务业相协调的经济结构，经济的快速发展将促使全村集体资产的不断增加，由于该村建立了完善的集体经济产权改革制度，集体资产不断增加会使老百姓集体受益，在致富路上不留死角，不落一个，让每个村民生活水平随之不断提高。

参考文献

［1］潘鸿. 长春近郊农村新型经营主体培育与生态文明建设问题思考.

［2］2016 年合隆镇陈家店村社会发展情况简介.

［3］2013 年中央一号文件《中共中央国务院关于加快发展现代农业　进一步增强农村发展活力的若干意见》.

［4］2013 年中央一号文件解读［EB/OL］. http：//theory.people.com.cn/GB/40557/355909/.

［5］陈家店村——百度百科［EB/OL］. http：//baike.baidu.com/view/3042688.htm.

讨论题

（1）综观陈家店村土地流转情况，你会发现陈家店村在流转过程中存在哪些问题？该如何解决？

（2）陈家店村土地流转模式之所以能成为一种代表性的模式，必有其成功之处，这些成功之处对吉林省其他地方的土地流转模式的选择有哪些借鉴作用？请根据某一地区实际情况谈谈你的想法。

（3）陈家店村的土地流转工作在一定程度上促进了本村的新农村建设，是如何促进的？陈家店村的新农村建设存在哪些问题，请谈谈你对美丽乡村建设的理解。

（潘勇、潘鸿）

长春国信现代农业科技企业发展之路

案例概要：长春国信现代农业科技发展股份有限公司（以下简称国信农业）成立于 2010 年，仅仅 5 年时间，就发展成为集有机蔬菜、果木、花卉、种苗、水稻等种植、研发和销售，以及观光、餐饮于一体的吉林省规模最大的有机农业公司。长春国信现代农业有限公司隶属于长春国信集团，成立于 2009 年。公司以全产业链构建 5 年上市发展规划，建立三大主打生产基地，即吉林通化柳河有机水稻生产基地、黑龙江有机杂粮基地即长春奢岭鲜活农产品生产基地，基地总覆盖土地面积近 20000 亩。长春国信现代农业，以东北农业大学、吉林农业大学、吉林大学农学部等专业科研单位为依托，形成种植、加工、销售为一体的全产业链模式，年供大米 5000 吨、杂粮 6000 吨。

案例主题词：农业企业发展；新型经营主体培育；农业科技创新；全产业链模式

1 国信农业基本现状

国信农业成立于 2010 年 9 月，为长春国信投资集团的子公司，注册资金 2000 万元。公司依托奢岭有机果蔬、柳河水稻两大自有种植基地（总用地面积 3000 公顷），专业从事农、林、牧、水、渔等领域的科研、教育、生产、加工、包装、销售、储存、运输等经营活动。立足于健康、营养、品质，公司为客户提供有机蔬菜、米面油、杂粮、肉蛋等产品，建有专家型管理团队。现有员工 166 人，中高层管理人员 21 人，具有高级职称和博士、硕士学位及海外留学的员工占 80%。与中国农业大学、东北农业大学、吉林大学、吉林农业大学等教学科研机构建立了战略合作关系。

国信现代农业立足长远，发展"纵横结合一体化"的产业模式（见图 1）。旗下现有 7 个子公司、6 个合作社、1 个研究所，涉及设施制造、精深加工、种苗研究、农业工程及咨询、农业教育及培训等相关产业。目前，在吉林省有机农业行业中，国信现代农业已成为规模最大的有机农业公司。其主打品牌"社稷尚品"被评为吉林省著名商标。

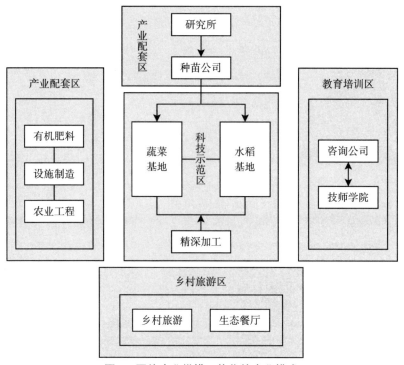

图 1　国信农业纵横一体化的产业模式

公司致力打造"全链条、全循环、高质量、高效益"现代农业产业集群，首先，利用 4 年的时间，建立"两个基地+三个中心+两个厂+一个综合服务体"（见表 1）等实体。其次，在此基础上，2016 年，再次整合资源，贴近国家政策，建立适合公司长远发展的产业集群模式。即突出基地化、标准化、规模化、信息化，形成上下游紧密协作的产业链，以科技示范为方向，发展有机果蔬、种苗、设施配套生产、乡村旅游等经营项目，构建大农业体系结构，建立了纵横一体化

表1　国信农业基地情况

基地名称		基地现状
奢岭有机果蔬基地	蔬菜基地	占地120公顷，根据四季不同按照有机标准种植不同的农作物。基地引进优良的品种进行有机示范种植，为会员提供安全、放心蔬菜。基地作物种类丰富
	苗木基地	果木基地主要是以矮化和棚室果木生产为主，现已引进葡萄、中华钙果等品种，在满足棚室生产、示范的情况下，为种苗基地的种苗生产奠定基础
	种苗基地	进棚土壤经过严格净化，蔬菜种子均达到有机生产要求的非转基因品种，蔬果的种植过程杜绝任何形式的农药、化肥、生长调节剂等人工化学制剂，蔬果的运输储藏过程中杜绝任何形式的保鲜增色化学制剂
	食用菌基地	食用菌是我国传统产业，是集保健、营养为一身的特色蔬菜，随着人们对其健康价值的深入认识，已经日渐成为人们日常生活食品中的重要组成部门，消费量日益增多。通过食用菌新技术示范基地的建设，促进食用菌新品种、新技术的研究应用与推广，并且以示范基地带动全省乃至食用菌的国际化、标准化、产业化经营战略
柳河水稻基地		位于吉林省通化市柳河县姜家店乡——中国火山岩稻米之乡。基地占地6000亩，拥有育秧中心大棚30栋，设有机大米加工车间、低温库房、机械库、晾晒场及其他辅助设施，并建有年加工大米3万吨的加工工厂一座。柳河水稻基地具有独特的玄武岩地质，富含矿物质及微量元素。周边森林环绕，方圆百里无工业污染，森林覆盖率达56.8%，空气质量高于GB3095二级标准。灌溉水源来自长白山三角龙湾上游山泉水，水质清澈无污染。并且基地坚持自主耕种、有机种植，拒绝收购、陈米勾兑
研发中心		国信农业致力于研究农作物健康生长有关的地上生境和地下生境两大系统，生产出四大产品系统：生物授粉系统、植物生长环境改良系统、生物防治系统和咨询服务系统；致力于抗病和脱毒种苗的研究，建立了三大产品系统：脱毒苗生产系统、嫁接苗生产系统和种苗生产系统；依托科研、教学、研发平台，启动有机蔬菜生产全程服务体系，制定国信有机蔬菜生产模型
加工中心		加工中心主要负责对国信所培育的农产品进行精深加工，从而提高农产品的产品附加值
营销中心		营销中心主要负责国信产品的销售问题，包括产品定位，市场细分以及营销渠道的选择与制定
有机肥厂		为配合基地有机蔬菜生产，建立公司有机肥厂生产基地，满足公司的需要和未来有机联盟基地对有机肥的需求
设施制造厂		结合基地土地整理项目，建立配套厂，为以后其他基地建设提供配套设备，使有机农业的生产和产业的延伸提供基础设施和前期探索实践
综合服务中心	教育培训区	教育培训区其中之一的功能区是服务咨询公司。国信农业的咨询公司是对国信现代农业的相关情况提供咨询服务，包括会员咨询、相关业务咨询等

基地名称		基地现状
综合服务中心	教育培训区	教育培训区另一功能是建立了技师学院，并且成为吉林省省级实训基地。它响应了国家新型农民培育工程的号召，在国家、省市创业促就业优惠政策的支持下，建立了以吉林大学、中国科学院、吉林农业大学为依托的专业农业技术培训基地。对有创业愿望和就业意愿的各类人员特别是应届毕业大学生和农民工进行从理论到实践的全程培训
	乡村旅游区	乡村旅游作为国信的一大特色，以南山温泉为代表。这里包括温泉和水上乐园，并设有汗蒸房以及自助餐厅
		生态餐厅主要提供国信生产的有机农产品，倡导有机、安全、健康的绿色饮食

的产业发展模式。

公司主要经营对外贸易；农作物、蔬菜、花卉苗木、水果、园艺作物的种植及销售；农业职业技术咨询服务；农业科技研发及推广等。目前种植的果蔬品种有西红柿、圣女果、茄子、黄瓜、韭菜、芹菜、特菜、香瓜、葡萄、草莓，以及香草、无花果等名优特色品种等。公司目前有生产基地 2 处，奢岭有机蔬菜生产基地建有日光温室 208 栋 167670 平方米，其中温室 168 栋，智能温室 5 栋、大棚 35 栋。年产有机果蔬 1000 吨，种苗 500 万棵。柳河生产基地流转土地 5000亩，有机水稻近 3200 亩，育秧中心大棚 30 栋，并已建成年产大米 3 万吨的加工厂一座，占地面积 28000 平方米，主要设有机大米加工车间、低温库房、机械库及其他辅助设施，晾晒场 10000 平方米。产品销售，大米主要是全国市场，蔬菜主要是长春市场。

国信农业主要有奢岭基地和柳河基地两大基地。其中，有机果蔬基地位于吉林省长春市双阳区长青公路 21 千米处奢岭镇，占地 600 余公顷。已建成温室200 余栋，智能温室 5 栋、大棚 35 栋，种植传统及特色果蔬 80 余种，其中 50种果蔬通过国家权威机关有机认证。目前，已发展个人会员 4000 余人，企业会员 40 余家。国信农业柳河水稻基地，位于吉林省通化市柳河县姜家店乡——中国火山岩稻米之乡。基地占地 6000 亩，拥有育秧中心大棚 30 栋，设有机大米加工车间、低温库房、机械库、晾晒场及其他辅助设施，并建有年加工大米 3 万吨的加工厂一座。

2 成功经验

2.1 科技的强力支持

为发展现代农业，国信奢岭果蔬基地自建研究院，依托科研、教学、研发平台，在种苗培育、种植技术、基础设施等方面给予强大的科技支持，使全程可以做到有机种植，生产过程中拒绝使用杀虫剂、除草剂等任何化学农药，让植物自然生长，为消费者的健康保驾护航。国信农业拥有 5 座智能温室。利用现代科学技术，科学种植、科学管理。温室内植入"物联网"系统，与吉林省绿色食品办公室联网，将棚内情况时时上传，使生产"透明化"。

国信农业致力于研究农作物健康生长有关的地上生境和地下生境两大系统，生产出四大产品系统——生物授粉系统、植物生长环境改良系统、生物防治系统和咨询服务系统；致力于抗病和脱毒种苗的研究，建立了三大产品系统——脱毒苗生产系统、嫁接苗生产系统和种苗生产系统；依托科研、教学、研发平台，启动有机蔬菜生产全程服务体系，制定国信有机蔬菜生产模型。

2.2 优越的环境条件

国信柳河水稻基地独特的玄武岩地质，富含矿物质及微量元素。周边森林环绕，方圆百里无工业污染，森林覆盖率达 56.8%，空气质量高于 GB3095 二级标准。灌溉水源来自长白山三角龙湾上游山泉水，水质清澈无污染……这些都是大自然对社稷尚品大米的天然馈赠，不容辜负。对此，基地坚持自主耕种、有机种植，拒绝收购、陈米勾兑，为消费者守护餐桌上的安全、健康。

2.3 完善的线上线下销售配送网络

"只要打个电话，社稷尚品的系列产品就配送到家"，这不仅是国信农业真情服务的宣传语，更是国信人对社稷尚品会员们的郑重承诺。的确，国信农业实行的是安全、方便、快捷的送货上门服务，会员们足不出户，就可以品尝到最新鲜的有机蔬菜。在社稷尚品有机农场的加工车间，因为有机蔬菜每天的订购量很大，因此，经常可以看到很多工作人员正在为会员们订购的蔬菜进行分类装箱。

除了线下的配送服务外，在线上会有电商、直营店和域外渠道，其中电商尤为重要，2014年，社稷尚品入驻淘宝、天猫、京东等电商平台，并作为吉林省唯一指定有机大米品牌参加了"挑食频道"活动。7天共成交8吨，创下电商平台有机大米销售新高，开启互联网农业新模式。2015年，国信农业微店有机商城上线，客户通过微店平台也可实现线上交易，快捷、方便。

2.4　独特的产业模式

国信农业在创新企业发展模式的同时，不仅把政府发放的各种补贴及时送到农民手里，为了确保稻米在种植过程中真正做到有机，把土地流转的农民吸收为公司的员工，实现了由农民向现代农业工人的转变。农民得到了实惠，干劲更加足了。同时也进一步加快了打造"乡村都市"和"都市乡村"的进程。据了解，公司将建立有机农业科研开发推广、教育培训、育种、生产、产品深加工、物流配送和有机饲料、有机肥料生产以及农业工程等全产业链的生态系统，创建中国有机农业的循环经济和低碳经济示范基地。

2.5　良好的服务态度

只有充分认识到服务的价值和内涵，具备良好的服务意识和心态，才能谈得上高品质的服务行为。国信农业发扬高尚的工作作风，以群众满意不满意为标准，变被动服务为主动服务，采取多项举措，为企业发展提供高效、优质的服务。在国信农业，每一位员工把消费者和社稷尚品会员们都视为"上帝"，热心、贴心、爱心、用心、专心的"五心"级服务给消费者带来"五星"级般的感受。购买社稷尚品系列有机产品，不仅让消费者享受到了有机生活的乐趣，更是让广大消费者消费得放心、省心，真心认可社稷尚品的有机品质。

2.6　已获得各种荣誉

2016年获得农业产业化国家重点龙头企业，2015年荣获了优秀蔬菜生产商最高级别四星级、吉林省著名品牌、吉林省守合同重信用单位、长春市著名品牌等诸多荣誉称号，被评定为"农业部有机农产品示范基地""吉林省有机蔬菜示范基地""吉林省新型职业农民培训基地""吉林省创业孵化基地""全国五星级休闲农业与乡村旅游园区""休闲农业与乡村旅游示范点"、长春市"小巨人"企业、"长春市农业科技示范基地"。社稷尚品有机大米获"第八届国际有机食品和绿色食品（上海）博览会"金奖。有机大米获南京国环有机产品认证。有机蔬菜获得中绿华夏有机认证。获评吉林省 AAA 级信用企业。2014 年，"挑食频道·吉林鲜米"唯一指定有机大米品牌。社稷尚品有机大米获欧盟有机认证。"柳河大米"获国家工商总局地理标识保护产品，社稷尚品成为双地标产品。

3　有待改进之处

应对国信现代农业在农业科研成果转化方面所取得的成绩给予充分的肯定，但是，国信今后仍要在以下几个方面进行改进。

3.1　加大科研力度

鼓励国信要继续加大科研力度，成为现代农业技术创新的主体，从而更好地带动当地农民就业，将更多农户转化成产业工人。现代农业是科学农业，国信应该大幅度增加农业科技研发投入，整合优化农业科研资源，切实提高各个基地和科研中心的创新能力，采取积极、有效的激励措施，鼓励企业员工成为农业技术创新的主体，围绕现代农业建设中存在的突出问题，加强关键技术攻关和重大技术研究，力争取得新突破。

3.2　积极培养人才

积极培养人才可以为企业自主创新提供有力支持。人才是一个民营企业发展进步的关键力量和重要资源，对于一个现代农业科技企业来说，只有高度重视人才，切实做到人尽其才、人尽其用，才能使该企业获得可持续、稳定的发展动力，从而实现企业持续发展、久盛不衰的最终目标。国信在今后的人才队伍建设中主要应做到以下五点：一是营造尊重劳动、崇尚技能、鼓励创新的有利于高技术人才成长的良好企业发展氛围；二是健全以内部培训为主体，与中国农业大学、中国农业科学院等科研单位通过产学研合作项目为企业培养高级研发人才；三是完善公平公正、运行规范、管理科学的高技术人才评价体系；四是构建有效激励、切实保障、合理流动的高技术人才使用机制；五是形成多方参与、密切配合、共同推动高技术人才队伍建设的新格局。

3.3 加大对农民的培训力度

现代农业需要高素质的农业经营者，需要一大批具有较高综合素质的新型农民。国信在今后要加快对农村职业技术教育和农村成人教育的投入，积极开展农业生产技能培训，造就有文化、懂技术、会经营的新型农民，为企业的长远发展奠定基础。

3.4 利用互联网实现新增长

现行的主要运营模式是集团下设生产基地、物流部门、专卖店来完成所有的供应链活动，类似于海尔模式，这种模式的优点是企业能够全程掌控，但消耗过大，而且成本过高，适用于国信有机农产品发展的初期，以确保有机产品的运营。但从长远角度分析，这种形式必然会被打破，专门成立物流公司和销售公司，或是委托第三方企业来经营，分工细化，才是契合当代互联网大环境下成熟企业的管理模式。

通过整合农业上下游资源，提供农产品电商、农村物流及农村金融等多项涉农综合服务，激发企业潜力，实现了新增长。在"互联网+"时代，传统的农业也迅速与互联网产生了"化学反应""互联网+农业"正成为新的发展趋势，伴随着互联网的发展，国信要开启为消费者服务的新模式，打通从种到收的农业产业链，实现科技和农业"零距离"。

参考文献

[1] 李岩. 有机农产品供应链利益分配问题研究 [D]. 吉林大学博士学位论文，2015.

[2] 李婷. 乘风逐浪添姿彩 [N]. 吉林日报, 2012-10-30 (9).

[3] 李婷. "社稷"出尚品"有机"谱华章 [N]. 吉林日报, 2012-10-09 (13).

[4] 毕玮琳. 责任与道义 [N]. 吉林日报, 2010-11-01 (2).

讨论题

(1) 从长春国信现代农业案例进行思考, 如何建立科技型农业企业? 关键环节都有哪些?

(2) 从长春国信现代农业进行思考, 现代农业产业园都需要哪些重要的组成部分?

(3) 长春国信现代农业属不属于产学研融合的案例? 如果属于的话, 它是如何做的? 你了解的产学研融合还有哪些形式?

(吴志全、潘鸿)

东师农牧业"种养—营销" 一体化产业生态链建设

案例概要： 2016 年国家提出吉林省中部地区绿色转型规划，大力推进生态循环农业建设，促进农业与旅游业、服务业等产业融合，东师农牧业有限公司基于国家整改政策，打造春徽Ⓡ现代农场，推行生态种养与营销一体化产业链条，发展有机果蔬、粮食作物现代化种植以及创新禽畜林间散养模式，经过五年的积淀后逐渐开始打开一线城市的营销市场，推动当地的农业发展，促进农民增收，但是由于公司处于发展初级阶段，仍面临着一些亟待解决的问题。

案例主题词： 全产业链模式；生态循环农业；农业产业化经营

1　背景

"不一样的观念，塑造不一样的农业"。中国是传统农耕大国，农业发展在每个时代都有着自己的显著代际界限：父辈种地，肩挑背扛到集市销售，赚些辛苦钱，这是农产品销售的 1.0 时代；自己返乡经营乡村旅游，让游客主动下乡采购，这是 2.0 时代；如今利用微信平台，打造粉丝经济，线上订单、线下直供，已是 3.0 时代。面对着新时代不断进化的产业发展速度，产业部门生命周期越来越短，产品更新换代越来越快，作为新型农业经营主体的各类企业或个人，必须紧跟时代脚步，甚至成为新农时代的弄潮儿。

基于此，党的"十八大"和 2016 年"中央一号"文件提出要持续夯实现代农业基础，推进农村产业融合，促进农民收入持续较快增长，大力发展休闲农业和乡村旅游。中央 2016 年 11 月，农业部更是专门针对性地印发《全国农产品加工业与农村第一、二、三产业融合发展规划（2016~2020 年)》助力农业产业融合，首次提出设立产业融合发展引导专项资金，全力支持农村第一、二、三产业融合发展。重点支持农民、农民合作社开展农产品产地加工、产品直销和农家乐，支持农业产业化龙头企业与农户建立紧密的利益联结机制。第一、二、三产业融合发展是近年来国家提出的新方向，东师农牧业有限公司基于中央发布的文件积极推进农村产业融合，抓住吉林省中部地区绿色转型规划建设机遇，大力推进生态循环农业建设，促进农业与旅游业、服务业等产业融合，大力发展新型农业种养模式，打造春徽®现代农场，发展有机果蔬、粮食作物现代化种植以及创新禽畜林间散养模式，集"供—产—销"为一体的公司发展模式。目前，该公司已初具规模。

2 公司简介

吉林省东师农牧业有限公司坐落于吉林省长春市九台区龙嘉镇饮马河村，成立于 2008 年，其一直坚持纯绿色、零化肥的种养结合的"玉米—鸡"共育模式的生态循环经营模式，经营范围包括农村鸡、黑猪的养殖；黏玉米、有机经济作物的种植；粮食收购、仓储、销售；食品加工、家庭定制、餐饮业等。公司致力于根据有机农业原则和有机农产品生产方式及标准生产、加工、销售 AA 级"生态农产品"，并注册了"春徽®"食品商标，打造纯天然、无污染、安全营养的品牌产品。东师农牧业有限公司已经成为具有特色品牌的有机农产品的生产者和销售者，拥有自己的养殖、种植生态基地，2012 年被评为吉林省重点龙头企业。

公司现拥有高质旱地 500 亩，采用日本种植技术种植黏玉米；采用欧式有机养殖方式圈养笨猪 1 万头；在长春市净月开发区于一期投资 500 万元建立了一座食品加工厂，现投入使用，主要加工自产有机畜牧产品；在长春有"东师会馆"两家宾馆以及数家餐饮店和食堂，已具有一定的规模；在长春市内经营三家"春徽®食品"直营店，在直营店销售自养肉产品、有机蔬菜瓜果、杂粮、豆制品、大米等,是一家集生产—仓储—加工—销售—配送—消费为一体的全产业链建设的现代有机农牧业公司,紧跟时代脚步和市场动向,未来发展前景广阔。公司基地所处九台区地理位置优越,交通便利,距离长春市仅有一个小时的车程,能够充分、及时地掌握城市居民消费需求。

东师农牧业有限公司采用传统农耕技术与现代生物病虫害防治体系相结合的"玉米—鸡"共育的生态循环的耕种方式,从播种到收获,其间全程无农药化肥添加;倾力打造从种植、田间管理、收割、加工、运输、销售为一体的全产业链生产,采用"互联网+"开放销售与封闭管理模式,开展B2C的运营模式锁定终端客户群体,为消费者提供"从田头到舌尖"的安全食品供应体系。

3 经营状况

成立于2008年的九台东师农牧有限公司目前已建成并运营三家酒店与储粮量为15万吨级的仓储粮库,在现有玉米、大白菜、土豆种植基础上,依托自营酒店,已初步形成产—供—销一体化的农业深加工发展模式。现公司共有500亩旱地,5000头笨猪,2万只芦花鸡,蔬菜大棚20个,共计10万平方米,小型有机化肥厂一个并经营三家食品直营店。

相比于传统型农场而言,东师农牧业有限公司更具活力、更具创意,除经济价值外更具社会价值与生态价值。具体特点如下:

3.1 种养结合——"玉米—鸡"共育的循环农业

东师农牧业有限公司现有旱地500亩全部采取种养结合的"玉米—鸡"共育模式生产。玉米地养鸡是针对玉米地种植与畜禽排泄物特点而进行设计的种植模式,"玉米—鸡"共育农作系统是指在大田玉米长到7~9片叶时,在玉米地中放入一定数量的芦花鸡,芦花鸡全天候在玉米地吃掉杂草、害虫和蚯蚓等小昆虫,并通过在玉米地中不断地游走觅食、排泄粪肥,达到控虫防病、中耕除草、刺激玉米根系生长的作用。出于玉米地环境好,通风透光,幼鸡成活率高,基本不得病。在整个养殖过程中，只需按时给鸡更换饮水，基本上不占用太多时间，省工省力。另外，放养鸡的玉米地不用打药除虫，幼鸡食用田间的害虫和杂草，既减少了打药的开支，又不污染粮食，还节约了喂养饲料，降低了成本，可谓一举三得。

玉米叶利用光能合成的有机物质转移到籽粒中，成熟之后秸秆通过田间微生物的腐解作用归还于玉米地；从外界施入的有机物料、鸡饲料等能够被玉米吸收并转化为自身的一部分，从而实现物质的循环利用和能量多级流动的特性。通过"玉米—鸡"共育系统最大限度地发挥玉米地在时空上的优势，补充常规玉米地存在的不足，形成物质和能量的多级利用，提高生态系统的稳定性，从而高效利用资源，实现结构和功能的相互协调，最终提高了玉米地生态系统的生产能力。

这种复合生态系统不仅增产增收，而且"玉米—鸡"共育有机种养模式所需要的劳动力是单纯有机种植玉米的1.08倍，能够吸纳本地农村劳动力，为农民工返乡提供岗位。由于鸡在系统中除草除虫施肥的作用，降低了农民的劳动强度，对提高农民种粮积极性有很大现实意义。由于"玉米—鸡"共育有机种养模式能大大减少农药和除草剂的使用量，减轻对生态环境的污染，还能生产有机食品，不但可以提高其农产品的价格，增加农民收入；在给农民提供实惠的同时，又为市场提供了优质的有机玉米、有机小麦、生态鸡，满足消费者对有机食品的需求，有益于人们的身体健康。

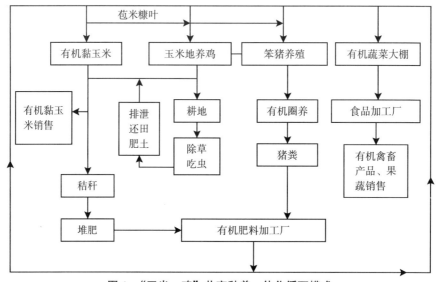

图1 "玉米—鸡"共育种养一体化循环模式

3.2　公司与本地政府合作集约流转土地带动农民增收创收

东师农牧业有限公司与九台区龙嘉镇政府采取"集约流转土地，现代工厂管理"的合作模式，现已流转旱地共计 500 亩，每年雇用农民 200 多人次为农民带来相关收入计 600 余万元。东师农牧业有限公司通过与政府合作流转本地农民手中土地，将土地规模化、集中化、开展机械化，同时对农民进行工厂化工人管理，进行岗前种植培训，生产加工作业培训等，让农民可以按照科学统一的有机种植标准进行耕种。农忙时大量雇用农民播种、养鸡、收割等为农民带来额外收入，从土地上解放出来的农民也可以选择外出务工则有利于劳动力转移。大量土地的集合使玉米地种植采用全程机械化进行，这直接提升了当地农业生产效率与生产质量，为当地增收创收。这种合作模式既解决农民手中闲置土地的利用率，又解决在家务农的农民工工作问题，把真正的利益带给农户。让农户既有地种可种，又有工作可增加额外收入。与以往"订单+农户"的模式不同，这种合作模式与封闭管理模式可以更好地保证玉米的品质，公司农场自产自销，确保有机种植的标准化执行。

3.3　产储加销送一体的全产业链模式

依托省会长春的信息、交通、科技优势，九台东师农牧业有限公司打造了集生产（有机种植和有机养殖）—仓储（中央粮食储备库）—加工（食品加工及有机肥加工）—销售（直营店及网店）—配送（家庭定制）—消费（酒店）为一体的全产业链模式，利用互联网思维实现定制农业，体验农业的智能发展，将目标客户定位在当地及北京、上海、广州、深圳等一线城市中有一定有机消费先进理念的中高端人群。

"互联网+"是信息技术与传统行业充分有效结合。互联网不仅是单纯在网上销售，更重要的是如何利用互联网平台，锁定终端消费者。东师农牧业有限公司最初的销售定位是锁定终端消费，为客户提供更个性化的服务。

3.4　B2C 的定制农业锁定终端客户

东师农牧业有限公司现已打造直营店销售+定制配送两种模式相结合的 B2C

产品销售渠道，两种模式各占 50%的销售份额：

首先，在长春市已经拥有三家直营店——"春徽®食品"。公司将自己种养和在本公司所属食品加工厂里加工的有机禽肉果蔬、杂粮、豆制品、大米等产品放在直营店中销售，价格是一般产品市价的 3 倍；直营店实行会员制，分为 3000元/5000 元/10000 元/20000 元等不同档位。另外，省粮食厅补贴每个直营店 30 万元，广告费 200 万元，开发上海市场已有 3 年，每年投资 500 万元。

其次，公司推出类 CSA（社区支持农业）模式的家庭定制配送业务，以迎合不同消费者需求。

定制配送，是指社区居民与公司建立生产消费风险共担的合作关系，这种业务需要城市社区居民成为农园的会员，会员在每年开春时即 4 月与公司签订种植合同，缴纳一整年的蔬菜种植或者配送份额的全部费用，公司按照合同和种植技术标准在相应的菜园里种植蔬菜瓜果，并在成熟时按时定期定量地为合同会员配送所收获的农产品。在这种模式下，公司会根据自己的选择种植生产不同类的蔬菜品种，会员不能涉足，因此会员无法自主选择蔬菜品种，只能被动接受农园为其配送的蔬菜品种。但市民可以不定期地携带家人免费参观公司的种植基地。

公司在一年内有 25 周的蔬菜配送时间，每周配送 1 次；采用生鲜物流配送方式，做到充分保证蔬菜的新鲜度；按照不同协议类型，全年累计配送蔬菜总量最多可达 50 多个品种，共计 250 千克的产量，配送费用因人而异，大体来说分为公司为消费者配送到家中、消费者来农园自己采摘、到直营店取的三种配送取菜方式。

公司采取线上线下 B2C 运营模式，客户利用自有网上商场、线下实体展示店等多种营销渠道定制，充分享受认养土地中所有产出与相关服务。这既可以使产品健康无公害，又可以减少中间流通环节降低交易成本。

4 经验教训

4.1 成功经验

4.1.1 发展模式具有创新性

在种植方面，打造精品有机农场。立足吉林、立足生产基地和营销中心，同时计划筹建体验式农耕文化展示，将深度文化、休闲与基础生产紧密结合，实现第一产业与第三产业的深度融合。将企业用心耕耘，长足发展并期待有机会进入资本市场中发展；丰富产品种类。在种植黏玉米以及有机蔬菜之外，扩展其他本地绿色有机果蔬的推介和营销；实施一亩田计划。吸引会员租赁土地，定制特色产品清单，提供代管种植服务和远程监控服务，增强用户个性化体验；中央粮食储备库的建设，增强了该地区加工、储备以及收购农产品的能力，带动了当地经济的发展。除此以外，由于对农村劳动力的雇佣，极大地缓解了当地的就业压力。

在养殖方面，把握有机养殖特色，大力推介林地散养鸡蛋以及黑毛猪猪肉，建立品牌并扩大影响力；直接或间接解决 2000 人口的就业，人均可增加收入 5000~7000 元；疾病控制中心的起动，将给辉南市所有养殖户带来福音；项目实施后，通过龙头效应，推广 10000 头二元种猪和 20000 头外三元仔猪，带动周围十多个乡镇 2000 余户农民走向高标准、生态综合规模化养殖场致富路，培养和造就一批技能全面、技术先进的新型农民，直接接受企业服务农户 1000 户，将是现有直接服务对象的 2 倍；促进了环境保护事业的发展，为广大公众树立了生态保护意识；循环多层利用资源，保持了农业的可持续发展；实践科学发展观，促进农业今后的无害化生产。

4.1.2 管理模式具有合理性

金融白领股东，年轻创业团队，用不一样的金融服务思维卖梦想米。东师农牧公司的股东构成全部为具备多年金融从业经验的金融高管，因此积累了大量的优势客户资源，同时营销团队全部为"80后"创业新人，优秀的客户资源、先进的管理思维、年轻的创业热情正是团队持续发展的核心竞争力：

（1）组织机构。实行总经理负责制和逐级管理，逐级考核的直线分层次管理体系。依靠有效的激励机制和制约机制，坚持自主管理，以人为本，以质量为中心，以责任为纽带，鼓励不断创新，走中外结合，传统与现代相结合的管理之路。

（2）人力资源。总经理由母公司批准任命，中层管理人员采取按条件在社会择优招聘办法解决。营业人员及服务人员从当地按规定考核择优录用。

（3）员工培训。主要管理人员由单位组织外地考察学习和培训，工作人员由公司统一组织培训学习。

（4）管理机构和设置。本项目设总经理、技术总监、技术顾问、综合部、生产技术部、工程部等。

4.1.3 资源利用具有循环性

东师农牧业公司无论是厂房基地的建造还是农产品的生产过程，时时以资源的合理循环利用为依据，真正做到资源的循环再利用。在粮仓的建造中，外接楼梯的打造是用废弃的钢铁制造，在经过打磨刷漆翻新，造价成本比新铁低40%。蔬菜大棚以及鸡舍的建造也是利用建造仓库的边角余料，既节约建基地的成本又做到废物再利用，节约资源。在生产的过程中采取以"玉米—鸡"共育为主导，秸秆还田、有机肥制造、食品加工为辅助手段的种养一体化生态循环模式，合理利用动物粪便、秸秆、菜叶等"废物"，创造绿色可持续发展农业体系。

4.1.4 运用互联网具有前瞻性

用"互联网+"的思维让农业生产、销售实现智能发展，进一步实现定制农业、休闲观光等综合配套服务，充分利用吉林的绿水青山打造特色经济增长点。东师农牧公司最初的销售定位就是要锁定终端消费，为客户提供更个性化的服务。依托互联网平台，将在下面几个方面进行努力：

（1）自媒体运营：依托自主运营的微信服务号、订阅号及微博，采用定期的农场主题营销推送活动，增强粉丝关注度和黏性。

（2）自有网上店铺运营：淘宝上维护企业店铺。

（3）第三方电商平台合作：进一步与国内知名的电商平台达成深度合作，着力开发服务及产品的精细化、个性化呈现。

（4）"互联网+"新型农业：利用丰富的线下实践体验活动，锁定终端客户群体，打造从"田间"到"舌尖"的极致有机新农业；农场在种植生产上利用猪和鸡的粪便做有机肥，用于种植，打造生态循环农业模式。利用林地养鸡，真正实现自然健康的养殖模式；病虫防治方面采用"天敌防御法"及生物性引诱剂等科技方法，实现真正的有机种植。

（5）"智慧"农场，智能化科技体验：农场依托新型科技溯源系统，呈现出农场360°全场景，并将整个生产种植过程及时推送到终端客户，实现产品智能防伪追溯。

（6）围绕农场，有机菜棚做足文章，打造丰富的特色产品线。发展电子商务营销中心，进行周边地区的生鲜蔬菜的配送。除此以外，通过林地散养鸡蛋、一亩田定制套餐等更多的新产品提升客户的感受，得到市场的广泛认可，并着眼于打造更多的特色有机农产品。

4.1.5 带头人具有前瞻性

公司董事长在2008年公司建立之初就看到了农业未来的发展前景，紧跟国家农业相关政策的步伐，积极推动对农牧业产业的发展，推行绿色循环的产业化发展道路，积极响应国家号召，并且具有很强的企业家才能，及时作出对的决断，带领企业走向符合国家政策的发展之路。在一个企业的发展中有一个目光长远、决断清晰的掌舵人是至关重要的。

4.2 需改进之处

4.2.1 缺乏专业的高水平人才

对于位于农村的东师农牧业有限公司来说，招收科技人才面临着许多困难：一是工作生活环境较差，交通不便，待遇较低严重影响人才的吸纳；二是招收人才的方式过于单调，依旧只采用传统招聘方式；三是企业大多没有和一些农林高校进行合作，没有招收大学生到企业中实习，大学生不了解企业，企业见不到大学生，两者不能够做到双向选择，这也是人才不能进入企业工作的一个关键因素。调研数据显示，该公司大多数员工还是农民与专科毕业生，科技人才的流动率不超过2%，一方面可看出整个管理系统比较稳定；另一方面反映了整个企业很少有新的血液流入，这很可能导致企业科技人才结构僵化和企业员工懈怠，危机感缺失。通过对企业的了解，我们发现企业管理者与科技人才的交流沟通频繁，比如定期听取员工的意见、召开科技人员交流会等。但是，科技人才与普通员工的交流仅仅停留在技术方面，而少了一些非正式的沟通，这也是有待提高的。企业应该广泛宣传，多措并举，解决科技人才数量偏少的问题。同时加大投入，分层实施，建立健全行之有效的科技人才培训机制。

4.2.2 宣传营销力度不够大

对新媒体运用重视程度不够。随着科技的发展，互联网在我们的生活中已经无处不在，但企业的管理者并未对互联网的利用足够重视，也没能通过建立公司网站搭建网上经营平台，更好地宣传自己的产品，更不能及时接触到相关产业中的最新资讯。现在是互联网的时代，掌握信息就是掌握经济命脉，同样，做好产业产品的宣传，就是使产品占据市场份额的先决条件。东师农牧业有限公司虽说在发展的过程中运用了"互联网+"的思想，但宣传与营销的力度还远远不够，应该拓宽宣传渠道，利用基地、公司、直营店和网站多方面进行宣传与销售。

4.2.3 农业发展项目散落

现代农牧业发展要求产品商品率程度较高，形成产加销一体化、贸工农一条龙的现代农牧业的产业化发展体系。发达国家农畜产品加工程度一般都在80%以上，而我国还不到30%左右。东师农牧业有限公司经营的种类、范围都比较广，但其没有一个明确的分类与规划，各种农业发展项目较零散，没有一个长期的规划发展计划，这使公司的农牧业产业不能稳定长期的发展。应该制定出公司农业项目发展的具有体类别，并形成一套体系，增强各个项目的相关性，使公司的发展规划更具有系统性与合理性。

4.2.4 缺乏品牌意识

品牌文化决定了这个品牌的深度和广度。一个品牌能够有深层次的文化内涵是难能可贵的。因为它有明确的品牌定位，还能够通过自身的各种渠道向大家分享其中的文化背景及意义，让更多的人对这个品牌有更多的赞同与欣赏，建立一种对品牌文化的认知，然后变成信仰，最后变为忠诚。消费者对一个品牌的坚定信念关系到整个市场的占有率，如果想得到整个社会的广泛认同，为企业争取到更多的竞争资本，就需要对自身品牌有一个总体的战略性规划。东师农牧业有限公司虽然在最初就创建了"春徽®"这个品牌，有一定的品牌与产业意识，但其品牌文化挖掘不够深入，没有建立其品牌与企业文化的桥梁，品牌文化含义不足，而且没有自己的品牌商标，使其在推广发展过程中可辨识度较低，品牌缺少活力。应该根据自己的企业文化的内涵尽快建立自己的品牌形象，以扩大自身产品在市场上的竞争力和知名度。

5 未来发展趋势

5.1 未来发展规模

在现有基础上扩大发展规模，预计 3 年内流转 4000 亩耕地用于有机种植、养殖 1 万头猪、4 万只鸡，在九台投资打造种养结合的"玉米—鸡"共育模式，引导当地农户发展小型农场，并解决其农产品销路。同时，建设有机肥厂、食品加工厂，继续经营直营店和酒店，融入互联网技术，着力完善有机农产品的全产业链生产模式。九台东师农牧业有限公司 2017~2019 年建设内容与规模如表 1 所示。

表 1 九台东师农牧业有限公司 2017~2019 年建设内容与规模

建设项目		内容	规模	备注
有机种植	黏玉米	黏玉米地养鸡，形成种养结合的生态循环农业模式	2000 亩	黏玉米主要用于食用，销往长三角或配送到公司下辖的直营店、酒店
	有机蔬菜	种植土豆、大白菜、黄芽菜、秋葵、黄瓜等	1000 亩 温室大棚 30 栋	部分采用温室大棚，农产品销往长三角或配送到公司下辖的直营店、酒店
	水果	西瓜、香瓜、葡萄、桃子、梨	500 亩 温室大棚 10 栋	
	花卉	君子兰、玫瑰等	500 亩 温室大棚 10 栋	
有机养殖	黑毛猪	黑毛猪占地由 3 万平方米增至 6 万平方米，有机圈养，用苞米、糠、豆粕等喂养	10000 头	农产品销往长三角或配送到公司下辖的直营店、酒店

建设项目		内容	规模	备注
有机养殖	芦花鸡	林中或黏玉米地里散养	40000 只 养鸡用林面积 10 万平方米	农产品销往长三角或配送到公司下辖的直营店、酒店
有机肥料厂建设		分三期建设，已完成一期，主要加工猪、鸡等排泄的粪便	投资规模 2000 万元	生产的有机肥主要用于本公司的农作物生产
食品加工厂建设		主要加工肉类、豆制品	投资规模 500 万元	农产品销往长三角或配送到公司下辖的直营店、酒店
中央粮食储备库建设		储备库扩容，由占地 7 万平方米增至 10 万平方米，储备量由 15 万吨增至 20 万吨	20 万吨	对农户过剩粮食的收购具备一定能力，对当地经济有辐射带动作用
家庭定制		农产品主要销往长三角及本地有一定有机消费先进理念的中高端人群。50%的农产品实行家庭定制，参与定制的消费者可利用"互联网+"技术实施农产品质量追溯。有 3000 元、5000 元、10000 元、20000 元四档。每周配送一次，肉、鸡、菜、果等 50 个品种供选择	2000 亩	消费者可实时监控所定制地块的生产情况及农产品的加工、配送情况
员工队伍建设		由原来的 30 人增加到 80 人，提高员工的学历层次，建设研发队伍和管理建设	80 人	包括技术研发、营销策划、生产经营管理等人员

5.2 未来发展目标

经济新常态下，农业可持续发展，开展现代农业建设日益成为广泛共识。党的十八大将生态文明建设纳入"五位一体"的总体布局，为农业可持续发展指明了方向。全社会对资源安全、生态安全和农产品质量安全高度关注，绿色发展、循环发展、低碳发展理念深入人心。九台东师农牧有限公司开展有机种植养殖，在生产端实现生态循环农业模式，集生产、仓储、加工、销售、消费于一体实行全产业链生产，不仅具有经济效益，而且在保护改善土质、生态环境、拉动当地就业、促进农民增收方面均具有很大效益。

5.2.1 经济效益目标

（1）经济效益的提升包括成本的降低、收入的提升、产品品质的改善以及规模的扩大。

（2）在成本降低方面：其一，采用种养结合——玉米地养鸡模式在大田玉米长到 7~9 片叶时放进地里，由于大田环境好，通风透光，相比鸡舍批量饲养幼鸡的成活率高，小鸡基本不得病。在养殖过程中，只需按期给鸡更换饮水，基本上不占用太多时间，降低时间成本，减少劳动力投入。其二，放养鸡的玉米地不需打药除虫，幼鸡食用田间的害虫和杂草，既减少药物的开支，避免牲畜与作物的污染，还节约了喂养饲料，降低了经济成本，可谓一举多得。据数据统计，农户平均每 1000 只入舍雏鸡药品疫苗的费用为 300 元左右，即每千克毛鸡药品疫苗成本为 0.17 元左右，芦花鸡食用害虫与杂草作为食物可降低喂养成本。玉米地养鸡模式中，芦花鸡散养密度为 40 只/亩，由于野外生长环境优越，雏鸡成活率高，生病率低，可减少禽畜疫苗费用降低养殖损耗与成本。根据《全国农产品成本收益资料汇编》数据显示，我国玉米种植中肥料费用占据直接成本的 46.11%，农药费用占总成本的 4.1%，进行种养结合的循环发展，直接避免了农药化肥的使用，直接节约 50.21% 的玉米种植直接投入成本。

表 2　传统种植与种养结合成本对比

单纯种植玉米与养殖家禽	种养结合
受封闭环境影响，家禽成活率有限	大田透风透光饲养容易，节约时间与劳动成本
每日饲料消耗 100~200 克/只，约 1.1 元	芦花鸡食用田间害虫杂草，减少约 52.4% 的饲料投入量，每亩地降低成本 3458.4 元
每千克毛鸡药品疫苗成本为 0.17 元左右	大田鸡养殖密度低，可适度调整疫苗用量
玉米种植中农药化肥占直接成本 50.21%	田间养鸡直接避免农药化肥使用，农药化肥减施量近 100%

（3）在产品品质及收益提升方面，由于绿色健康的耕种养殖方式，高质量的农产品在市场上供不应求，价格远高于普通农产品。东师农牧有限公司在"春徽®食品"直营店所销售的自养肉产品、蔬菜瓜果、杂粮、豆制品、大米等，价格均为一般市价的 3 倍，使整体收益有所增加。根据山东省平邑县蒋家庄弘毅生态农场的试验结果显示，开展玉米地养鸡循环农业的收益为传统种植的 4.9 倍。

5.2.2　生态效益目标

（1）在新型种养结合生态农业模式下土壤与环境都将得到改善。

（2）据调查，吉林省农作物亩均化肥用量为 29.74 千克，比全国亩均高 7.84

千克，超出 35.8%，比世界亩均高 21.74 千克，超出 271.8%。过多地施用化肥造成土壤板结，水体富营养化。大剂量施用农药造成了土壤和水体的严重污染，农膜使用量大且回收率低，大量的残膜留在土壤中，严重破坏了土壤环境。畜禽粪便和城市生活垃圾流入地表和地下水系，污染了土壤。玉米地养鸡，保障鸡的品质与玉米的绿色化，不施化肥、农药对土壤有保护作用，同时鸡的不断活动更具有进行土地翻动、增加土壤有机质的作用。

表 3 玉米—鸡互动有机种养模式与单纯玉米种植模式对土壤物理性状影响

土层厚度 （厘米）	模式	土壤容重 （克/平方厘米）	土壤孔隙度 （%）	土壤水分含量 （%）
0~10	玉米—鸡互动模式	1.48±0.04a	44.23±1.4a	21.19±0.6a
	单纯种植玉米模式	1.58±0.06a	40.55±2.3a	19.31±1.5a
10~20	玉米—鸡互动模式	1.64±0.06a	38.06±2.3a	19.30±1.5a
	单纯种植玉米模式	1.67±0.02a	36.81±0.9a	17.79±0.7a

注：数据来源于弘毅生态农场。

（3）土壤容重是衡量土质疏松程度的一个重要指标，在一定的范围内，容重越小，土质越疏松；容重越大，土质越板结。故在新模式中鸡在玉米地的活动使土壤疏松，相当于进行了耕地活动。土壤的孔隙度直接关系到土壤的通气状况，是土壤松紧程度、水分和空气是否协调的重要指标。由于鸡的活动，改善了土壤的孔隙状况，提高了土壤的通气透水性，同时，由于鸡在系统中的加入，改善了土壤的水分条件。这对于土地质量提升，养地护田具有长久性生态意义。

5.2.3 社会效益目标

（1）农业模式的改变对农民收入、生活水平的改善有重要意义。从经济角度分析，随着人们对食品安全关注度的提高，有机食品在市场上具有了一定的价格优势，这可以有效地弥补单纯有机种植模式下经济效益低下的缺陷，调动农民对有机种养的积极性。东师农牧有限公司预计与农户合作建设小型农场，每家可养殖 2000 只鸡，种植 50 亩黏玉米地，每年每只鸡产蛋 130~150 农户的 50 亩黏玉米地，按照每亩 1 万元产值保守估算，一年约收入 50 万元，其中纯利 20 万元左右，按照 2 元/只价格出售，每只鸡一年 300 元收入，单位农户的 2000 只鸡蛋一年收益 60 万元，其中纯利大约 20 万元；同时，鸡肉属于笨鸡肉，通过散养味道鲜美可供出售带来部分收益。

耕地是永久性的稀缺资源，我国目前也仅能达到粮食三分靠进口，七分靠生产，高效利用耕地对农业可持续发展具有重大意义。中国耕地面积有限，人均占有耕地仅有 0.094 公顷，为世界平均水平的 40%。玉米地养鸡有机模式利用生态位差异，将养殖和种植整合在一起，比单纯种植模式或养殖模式具有更高的土地利用效率，对我国农业土地利用有重要意义。

（2）随着东师农牧公司资本的扩大，预计以九台特色农业为基础，优化配置全域农业农村资源，着力提升乡村建设水平，推动地方乡村建设优势向产业发展优势转化，把特色民宿建设作为推进全域旅游的突破口，着力打造乡村旅游产品升级版，深挖"供给侧"农业休闲旅游资源，融合第一、二、三产业，依托品牌发展，开展休闲农业，带动当地劳动力就地转移，提高农民增值收益空间。

（3）东师农牧有限公司目前占地 30 万平方米，但为了扩大经营规模与开展机械化作业，必将依托合作社流转土地，同时深化产业链发展，流转后由当地部分农民经营，其余农民转移至农产品加工、销售等领域，形成农民流转土地不失收入，集中经营，增加收入的良好互动局面。

参考文献

［1］高俊昕等. 河北省武安市农牧业企业中科技人才的吸纳与管理. 农村经济与科技［J］. 2016（18）：140，154.

［2］潘鸿等. 长春市九台区中部创新转型区域生态循环农业项目摘要［Z］. 2016.

讨论题

（1）东师农牧业有限公司的农作物种养模式对我国新型农业转型有什么启示？

（2）东师农牧业有限公司若想实现 3 年发展目标受什么因素的制约？

（3）针对东师农牧业发展的不足之处请说出你的对策建议。

附件：东师农牧业有机蔬菜种植基地

（屈敬然、潘勇、潘鸿）

生态循环建设成就健康，成就三和农场

案例概要：循环农业模式不仅在节肥、节药、改善土壤和水体等方面上生态效益明显，而且在拉动地方就业、推进产业融合等方面上社会效益突出。基于生态发展的政策倾斜，吉林省辉南县三和农场依托地方发展优势，积极探索以"稻—鸭共作"为主、"沼田结合"和秸秆还田为辅的种养一体化生态循环模式，三和农场坚持绿色发展，在多年发展中更新运营机制、管理模式，总结出适合地区发展的可持续农业建设路径。虽然该实践仍存在一定不足，但建设模式具有发展前景，在综合规划下，可实现经济效益好、生态环境优的发展愿景。

案例主题词：循环农业；种养结合；"稻—鸭共作"；"沼田结合"

1 背景

党的十八大，以习近平同志为总书记的党中央协调推进"五位一体"总体布局，将生态文明建设摆上更加重要的战略位置，十八届三中全会确定了全面深化改革的路线图，对推进生态文明建设做出了全面部署。吉林省绿色转型发展是在适应新常态、引领新常态的高度上，推进全省区域协调发展战略部署。省委十届三次全会对此提出"绿色发展"战略思想，低碳、绿色、循环发展成为吉林发展的主旋律，这为辉南县发挥生态优势，发展循环经济提供了良好的政策机遇。

辉南县土地资源状况良好，水资源、林业资源、特产资源较为丰富，农业发展前景良好。独特的火山岩地貌，加之优良水质，适宜稻米种植。总体上看，辉南县资源丰富、区位特殊、山水相连、人缘相系、物流相通、经济相关,发展潜力巨大。但由于当地土地资源利用不合理,人民环保意识不足,政府引导支持不到位等因素,水土流失、水质污染等问题需在当地发展建设中重点关注与解决。打造生态循环农业,不仅是落实国家生态发展战略部署,更是协调吉林省区域发展,推进辉南当地生态建设的重大实践。在此背景下,辉南县三和农场积极探索生态循环种养殖及经营模式,高度融合生态建设与经济发展,为实现生态循环发展、绿色崛起而奋斗。

2 吉林省辉南县三和农场简介

2.1 公司整体介绍

吉林省三和农场有限公司成立于 2009 年,其一直坚持纯绿色零化肥的"稻田养鸭"的生态循环经营模式,是一家以提供超有机大米为主的主粮供应商。三和农场生产基地坐落于美丽的长白山第一门户吉林省辉南县。现拥有高质水田900 亩,合作社中农户 135 户。辉南县地理位置优越,除了具有得天独厚的黑土资源,水稻种植更有长白山余脉火山口龙湾湖天然河水灌溉,在此条件下种植出的稻米弹软幽香。三和农场采用传统农耕技术与现代生物病虫害防治体系相结合的"稻田养鸭"生态循环的耕种方式,从插秧到收割期间全程无农药化肥添加;推进农场与稻米种植专业合作社"集约流转土地,现代工厂管理"的合作模式,开展大型机械化耕种作业;倾力打造从种植、田间管理、收割、加工、运输、销售为一体的全产业链生产,采用"互联网+"开放销售与封闭管理模式,开展B2C 的运营模式来锁定终端客户群体,为消费者提供"从田头到舌尖"的安全食品供应体系。

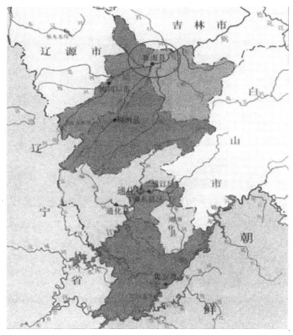

图 1 三和农场地理位置示意

注：图片来源于网络。

2.2 三和农场投入、产出情况

三和农场共有水田 900 亩全部用来种植水稻与养鸭。据调查统计，一只鸭在稻丛间两个月左右时间累计可排泄物相当于 47 克氮、70 克五氧化二磷和 31 克氧化钾，按 50 平方米稻间放养 1 只鸭的密度，其排泄物能够满足水稻正常生育所需的氮、磷、钾养分，在鸭稻共育模式下，每亩水田 7~8 只鸭，放养时长为 120 天，每只鸭共产肥 15~20 千克，使土壤中有机质含量得以提升，而在水稻抽穗时为防止鸭子食用水稻则将鸭稻分离养殖。稻田养鸭的模式下，每年稻谷产量为 700~800 斤/亩，大米 500 斤/亩。

农业机械投入上，三和农场投入 150 万元，政府补贴 15 万~20 万元，目前已实现全程机械化作业。农资投入上由于无农药与化肥的使用，大大减少了农药和化肥等支出。据统计，由于不使用化肥和农药，按 2015 年价格计算，每亩可节约化肥成本 60~80 元，农药、除草剂成本 25 元。增加养鸭收入 70~80 元（每只鸭成本：雏鸭 4 元、养鸭需饲料稻谷 5.0 千克折 14.0 元；每只成品鸭 2.0 千克，每千克 12 元出售可得 24 元，纯收入每只 10 元），水稻收入增 85~105 元。为方便稻田育苗等活动，农场目前已搭建育苗大棚 14 栋。据不完全统计，2016 年现已实现利润 200 余万元。

3　吉林省辉南县三和农场种养结合生态循环模式

三和农场采取以"稻—鸭共作"为主导、"沼田结合"和秸秆还田为辅助手段的种养一体化生态循环模式，发展由公司主导的有机水稻种植、收获、加工、销售的全产业链生产。其具体模式如图 2 所示。

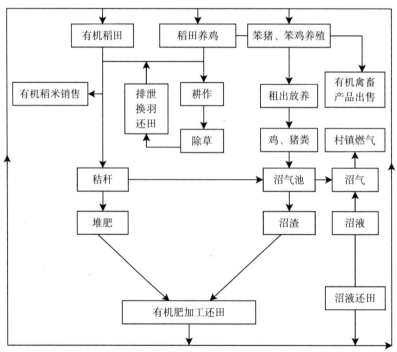

图 2　"稻—鸭共作"种养一体化循环模式

资料来源：作者根据实际发展情况绘制。

3.1 "稻—鸭共作"生态模式

"稻—鸭共作"生态模式就是把传统依靠化肥、农药种植水稻的单一模式，调整为"稻+鸭"多物种、多类型的种养模式。形成依靠鸭在稻丛间中耕、除草、吃虫、吃萍、排泄和换羽还田肥土等多项功能，实现不施化肥、农药，不污染环境的有机稻作生产体系，育稻米、鸭等都属无公害产品，可放心食用。因此，"稻—鸭共作"以水田为基础、种稻为中心、家鸭野养为特点的自然生态和人为干预相结合的复合生态系统。

该模式的特色首先是不施化肥、农药，为鸭提供了充足的水分和没有污染又舒适的活动场所，其间的害虫（包括飞虱、叶蝉、蛾类及其幼虫、象甲、蝼蛄、福寿螺等）、浮游和底栖小生物（小动物）、绿萍，为鸭提供丰富的饲料，并减少对水稻生育的危害；稻的茂密茎叶为鸭提供了避光、避敌的栖息地。鸭在稻丛间不断踩踏，使杂草明显减少，有着人工和化学除草的效果；鸭在稻田里不断活动，既能疏松表土，又能促使气、液、土三相之间的交流，从而把不利于水稻根系生长的气体排到空气中，氧气等有益气体进入水体和表土，促进水稻根系、分蘖的生长和发育，形成扇形株型，增强抗倒能力，起了中耕的作用；鸭在稻丛间连续活动，排泄物和换下来的羽毛，不断掉入稻田，给水稻以追肥。因而，"稻—鸭共作"的自然生产系统，可以实现种稻低成本；生产的优质稻米无公害，野生化的鸭肉成为鲜美的绿色食品而售价高，效益好；稻区环境不受污染，稻田可持续种养。

按 2015 年价格计算，根据 2013~2015 年的基地试验示范结果显示，由于不使用化肥和农药，一亩水稻收入可增 250~280 元。

"稻—鸭共作"技术是一项实现农业可持续发展的新技术，"稻—鸭共作"农作系统改变了传统稻田耕作模式，在原有基础上继承、创新和发展了传统稻田养殖模式，在发挥稻田的生产功能的同时更加注重稻田的生态功能。该"稻—鸭共作"农作系统从常规稻田投入大量化肥、农药等化学性物质来提高稻田的生产功能转变为发挥稻田的生态功能，不仅改善了稻田土壤理化性状和农田环境质量，提升了农产品品质和效益，实现了现代稻作生产的节能减排，确保了稻作生产可持续发展。因此，"稻—鸭共作"农作模式必然是未来生态农业、绿色农业发展的重要方向和技术途径。

"稻—鸭共作"农作模式虽然有极好的发展前景，但这种模式在应用中面临亟待解决的问题，以便更加完善和发展该项生态农业技术：

（1）病虫为害。"稻—鸭共作"中，鸭子对水稻纹枯病、稻飞虱、叶蝉等一些病虫害具有明显的控制效果，但对危害稻株的二化螟、稻纵卷叶螟等防效较差，一只鸭子能够控制的高度在 60 厘米左右，植株顶部的病虫难以触及而无法控制，加之在水稻抽穗收鸭后还有 2 个月左右的灌浆结实期，即使实行一稻两鸭，也不能完全控制住田间病虫为害，还有水稻灌浆期不利气候条件的经常发生，会导致田间环境的改变易于病虫发生和流行。因此，如何做好水稻全生育期病虫害的生态防治显得尤为重要。另外，由于鸭子长时间地生活在野外环境中，其抗病能力必然会受到影响，要实时关注鸭病的预防和病鸭的治疗，并适逢夏季高温，较高的气温会导致鸭子的生活力下降，如何维持鸭子高效的生活力更需深入分析。

（2）减排机理。现有研究都表明"稻—鸭共作"农作系统具有明显的减排功能，但这些仅为表观结果，对于不同"稻—鸭共作"模式的截污控流、节能减排、氮磷循环、温室气体排放机理和过程还缺乏深入研究，如长期"稻—鸭共作"的土壤碳库变化及其微生物机理和分子生态研究，深入解析土壤甲烷菌、甲烷氧化菌的数量、活性的影响及甲烷产生率和氧化率、排放率的关系。

总之，随着国家现代农业的大力发展和产业政策的大力支持，在辉南县实行稻田生态种养市场前景广阔，公司也必将在规模化、产业化、标准化的路径上实现大跨越，也必将在市场导向、科技研发和机制创新方面取得新成效。

3.2 秸秆还田生态循环模式

秸秆还田后，促进了微生物的活动，加强生物固氮能力，减少氮素的损失和作物中、后期可能出现的脱肥现象，提高土壤中代换性钾的水平，增加硫、硅等微量元素。秸秆还田在改善土壤营养状况的同时，还能促进土壤一系列理化性状的改善。如新鲜秸秆在腐殖化过程中，产生了富有活性的团聚剂和土粒结合，会促进土壤水稳性团粒结构的形成；秸秆在土壤中腐化后，能提供较稳定的腐殖质，可以保持土壤中腐殖质的平衡，提高土壤肥力；秸秆在分解过程中释放了大量的能量物质，微生物数量激增，对释放有良好的作用，另外还能减少某些作物的病害。

三和农场秸秆还田的方式有两种：一是秸秆与沼渣加工还田，作水稻肥料使用；二是水田秸秆直接还田，在水稻收割时，直接还田。

3.3 "沼田结合"的生态种养模式

这个模式是以沼气为纽带，以水田为核心的种养结合的新的生产模式，即由沼气池、频振式杀虫灯、水田、鸭、猪牛栏、厕所组成一个循环体系。具体是沼气池—沼肥—水田（水稻、频振式杀虫灯、养鸭、午季作物）—秸秆—猪禽栏—沼气池—沼肥。

厕所、猪牛栏连接沼气池，经沼气池发酵后的粪便、秸秆成沼渣、沼液作为作物的养分（肥料），水田中放养鸭和点上频振式杀虫灯，收获产品和秸秆，经人和猪牛等动物的排泄物返还到沼气池。

"稻—鸭共作"种养模式是生态农业的种养方式之一，是将水稻高产无公害标准生产技术、鸭的生态养殖技术、沼气综合利用技术等进行了优化组合。具有以下几个方面的优势：

（1）利用了沼气的综合效益，将有机水稻栽培技术和施肥方式、生物控制有害生物技术、物理防治技术等有机结合。能够显著提高农作物的产量、品质；产品安全、无公害；降低了生产成本，提高经济效益。

（2）建立了动物和植物的双向有利的生态环境。"稻—鸭共作"不是简单的稻田养鸭，而是在固定的水田，固定数量的鸭在一定时间中相互依赖、相互促进，共同生长发育，稻田为鸭提供放养场所，鸭为水稻进行耕耘、捕捉害虫、除草，达到稻鸭共赢，是传统稻田养鸭的改进。

（3）产品是无公害的，由于不使用或少使用有机合成物质，其稻谷、鸭没有受到污染，而是通过沼气池的循环生产的产品，其标准可达到有机食品的要求。

（4）对农业生产环境无破坏，由于使用沼气的沼渣、沼液作水稻、油菜等作物的肥料，利用鸭进行杂草、害虫的防治。使土壤的有机质不断提高，保持农田的生物多样化，为后代的发展奠定了基础。

4 吉林省辉南县三和农场建设先进经营经验

相比于传统型农场而言，三和农场更具活力、更具创意，除经济价值外更具社会价值与生态价值。

4.1 种养结合——稻田养鸭的循环农业

三和农场现有水田 900 亩全部采取种养结合的稻鸭共育模式生产。稻田养鸭是针对水稻种植与畜禽排泄物特点而进行设计的种植模式，畜禽排泄物一是排水量大，可为稻田提供充分肥料；二是固液混杂，肥料有机质浓度较高；三是当前养殖业属于微利产业，受到自然与市场双重压力的影响发展起来比较困难；四是传统的水稻种植模式存在大量使用农药、化肥的情况，无法保证食品质量与环境质量。而稻田养鸭就是把传统上使用化肥、农药种植水稻的单一模式，调整为"稻+鸭""稻+鸭+萍"这样的多物种、多类型的复合种养模式。通过利用鸭在稻丛间中耕、除草、吃虫、吃萍、排泄和换羽还田肥土等多项功能，实现不使用化肥、农药且不污染环境的有机稻作生产体系。不施化肥、农药的稻田为鸭提供了充足的水源和舒适的活动场所；其间的害虫（包括飞虱、叶蝉、蛾类及其幼虫、象甲、蝼蛄、福寿螺等）、浮游和底栖小生物（小动物）、绿萍，不仅能够成为鸭丰富的饲料，还能减少对水稻生育的危害；稻的茂密茎叶为鸭提供了避光、避敌的栖息地。同时，由于鸭在稻丛间进行踩踏使杂草减少，起到了人工和化学除草的效果；鸭在稻间不停活动，既能疏松表土，又能促使气、液、土之间的交流，从而把不利于水稻根系生长的气体排到空气中，并将氧气等有益气体送入水体和表土，从而促进水稻根系、分蘖的生长发育并增强抗倒能力，进而起到了中耕的作用；鸭在稻丛间的生长活动使排泄物和换下来的羽毛不断掉入稻田，从而达到给水稻追肥的效果。

稻田养鸭形成了以水田为基础、种稻为中心、家鸭野养为特点的自然生态与人为干预的复合生态相结合的耕种方式，在这种模式下，不仅可以降低种稻的成本，还因生产的稻米优质无公害、野生化的鸭肉鲜美无污而实现高售价进而实现高效益，同时达到使稻区环境不受污染、稻田可持续种养的目的。

4.2 农场与专业合作社合作集约流转土地道路

三和农场与辉南国氏绿色有机稻米种植专业合作社采取"集约流转土地，现代工厂管理"的专业化合作模式，现已实现水田流转 900 亩，每年雇用农民 1000 多人次为农民带来相关收入计 60 余万元。三和农场通过与辉南国氏绿色有机稻米种植专业合作社流转合作社农民手中土地，促进土地规模化、集中化、开展机械化，同时对农民进行工厂化工人管理，进行岗前种植培训，生产加工作业培训等，让农民可以按照科学、统一的有机种植标准进行耕种。土地以 13500元/公顷的价格流转到农场为农民带来一部分收入，农忙时又大量雇用农民育苗、插秧、看鸭、养鸭收割等为农民带来额外收入，从土地上得到解放的农民也可以选择外出务工则实现了农村劳动力的转移。大量土地的集合使稻田种植采用全程机械化进行，三和企业共投资 150 余万元进行农机建设，这直接提升了当地农业生产效率与生产质量为当地增收创收。这种合作模式既解决了农民手中闲置土地的利用率，又解决了在家务农的农民工工作问题，把真正的利益带给农户。让农户既有地可种，又有工作。与以往"订单+农户"的模式相比，这种合作模式与封闭管理可以更好地保证稻米的品质，农场自产自销，确保有机种植的标准化执行。

4.3 供产销一体的产业链与"互联网+"的运营模式

三和农场构建辉南稻田供应+当地企业加工+企业营销团队销售的一体化链条，利用互联网思维实现定制农业，体验农业的智能化发展，将目标客户定为北京、上海、广州、深圳等一线城市中有一定有机消费先进理念的中高端人群，不仅实现农业创新更意图在休闲观光农业基础上将辉南的绿水青山、民宿稻田打造为当地新兴特色经济增长点。

"互联网+"是信息技术与传统行业充分有效结合。互联网不仅是单纯在网上销售，更重要的如何利用互联网平台，锁定终端消费者。三和农场最初的销售定位就是要锁定终端消费，为客户提供更个性化的服务。经过近一年的努力，已经在以下方面进行了有效探索：

（1）自媒体运营：依托自主运营的微信服务号、订阅号及微博，采用定期的农场主题营销推送活动，增强粉丝关注度和黏性。

（2）自有网上店铺运营：成立企业淘宝店铺。

（3）第三方电商平台合作：目前三和农场已经与国内 6 家知名的电商平台达成深度合作，着力开发服务及产品的精细化、个性化。

（4）"智慧"农场，智能化科技体验：农场依托新型科技溯源系统，呈现出农场 360°全场景，并将整个生产种植过程及时推送到终端客户，实现产品智能防伪追溯。现阶段正筹备相关 APP 的开发与研制使客户真正实现智能化监督与远程操控，增强产品可信度与客户忠诚度。

（5）围绕农场、大米打造丰富的特色产品线。电子商务营销中心历经一年的发展，已通过开发如大米兑换卡、大米月饼、稻田鸭蛋、一亩田定制套餐等更多的新产品提升客户的感受，并得到市场的广泛认可。未来，农场将打造更多的立足本身的产品。

（6）用不一样的"80 后"金融服务思维卖梦想米。互联网+思维意味着创新与发展，三和农场的股东构成全部为具备多年金融从业经验的金融高管，除积累了大量的优势客户资源，同时营销团队全部为"80 后"创业新人，先进的管理思维与年轻的创业热情正是团队持续发展的核心竞争力。

4.4 B2C 定制农业锁定终端客户的市场定位

当前三和农场推出系列定制服务，地主可独享农场茄果蔬菜、稻田鸭、稻田咸鸭蛋等不定期免费服务。具体如表 1 所示。

表 1 三和农场一亩田认养价格

稻田平数（平方米）	认养价格（元）	适合人群	产出作物（千克）
100	1000	甜蜜的 2 口之家	大米 25 粥米 2 糙米 1
200	1980	温馨的 3 口之家	大米 50 粥米 4 糙米 2.5

稻田平数（平方米）	认养价格（元）	适合人群	产出作物（千克）
600	5900	幸福的 6 口之家	大米 150 粥米 12 糙米 10
1000	9900	和美的大家庭	大米 250 粥米 20 糙米 20

资料来源：三和农场有限公司提供。

当地采取线上线下 B2C 运营模式，客户利用自有网上商场、线下实体展示店等多种营销渠道定制，充分享受认养土地中所有产出与相关服务。这既可以使产品健康无公害，又可以减少中间流通环节降低交易成本。目前，公司已经取得水稻、大米的有机认证、绿色稻米认证等，除私人定制稻田外，大米以 21.8 元/斤销售，历经 1 年多的电子商务实践，已累计销售大米 600 余吨，累计创造千万元营业额。

5 吉林省辉南县三和农场生态循环农业未来发展趋势

5.1 深入探索"互联网+"运行机制

2015 年中央农场工作会议指出发展智慧农业即互联网农业是解决我国农业困境，农业未来建设的新方向。"互联网+农业"是依托于高科技的信息技术与农业资料充分、有效结合而形成的现代农业产业链。如何利用好互联网的平台，锁定终端消费者解决卖粮难是发展的核心。

三和农场最初的销售定位就是锁定终端消费，为客户提供更个性化的服务。依托于网络，三和农场应进一步开拓网络营销渠道，进行精准定位细分市场，在互联网高速传播优势下，塑造品牌，打造个性化农场；随着互联网平台的完善，三和农场可广泛应用农业物联网，将其应用于农业发展产前、产中、产后全过程中，在农机设备租赁、农业信息咨询、农业生态环境监测、农业生产精准管理等各个方面；着力打造新农人。所谓新农人是指依托互联网，运用互联网思维从事农业生产、流通、服务的一类人，他们渗透在生产服务、监管服务、研究服务等各个方面。培养经营者互联网思维并形成示范效应，带动农场农业升级和农业互联网发展。

5.2　完善年轻态管理团队

金融白领股东，年轻创业团队，用不一样的金融服务思维卖梦想米，这是三和农场发展思维。三和农场的股东构成全部为具备多年金融从业经验的金融高管，因此积累了大量的优势客户资源，同时营销团队全部为80后创业新人，优秀的客户资源、先进的管理思维、年轻的创业热情正是团队持续发展的核心竞争力。因此，三和农场未来要继续深化组织机构的精简年轻化，不断提高公司的活力：

（1）组织机构。实行总经理负责制并推行逐级管理，逐级考核的直线型分层次管理体系。依靠有效的激励机制和制约机制，坚持自主管理，以人为本。以质量为中心、责任为纽带，鼓励不断创新，强调中外结合，传统与现代相结合的经营管理道路。

（2）人力资源。总经理由母公司批准任命，中层管理人员采取按条件在社会择优招聘办法解决。营业人员及服务人员从当地按规定考核择优录用。

（3）员工培训。主要管理人员由单位组织外地考察学习和培训，工作人员由公司统一组织培训学习。

（4）管理机构和设置。根据所开展的不同项目设置总经理、技术总监、技术顾问、综合服务部、生产部、工程部、技术部等。

5.3　推陈革新种养模式

5.3.1　种植方面

（1）打造精品有机农场。立足现有生产基地和营销中心，计划筹建体验式农耕文化展示，将深度文化、休闲与基础生产紧密结合，实现第一产业与第三产业的深度融合。将企业用心耕耘、长足发展并期待有机会进入资本市场中发展。

（2）丰富产品种类。在深挖大米产品的同时，扩展其他本地绿色有机果蔬的推介和营销。

（3）实施一亩田计划。吸引会员租赁土地，定制特色产品清单，提供代管种植服务和远程监控服务，增强用户个性化体验。

（4）推进与家庭农场农田相配套的晒场和水利排灌设施及其他生产性辅助设施的建设，确保农田设施设备效能得到充分发挥。加强资源节约集约利用，完善沟渠排灌系统，集约利用水资源并提高对自然灾害的抗御能力，通过改造种植制度来集约利用土地。

5.3.2 养殖方面

在原推广畜、禽养殖技术的基础上推广先进种、养殖技术三项：①优质水稻种植技术。②生态法生猪养殖技术。③引进与推广两个以上新品种。重点把控种养结合中的病害防治，未来发展中应根据生态循环模式，科学注射稻田鸭疫苗，保证循环体系的安全性与稳定性。大力推进农作制度创新，推广应用步伐，发展优质、高产、安全的生态循环农业。同时，着力提升生态循环农业的产业化经营水平，发展"龙头经济"。最后根据市场经济发展的要求，围绕区域优势产业，壮大发展规模，发展骨干型农业龙头企业，力求在未来农业产业化经营中的发挥核心主体作用。

5.3.3 旅游方面

拓展农家乐观光休闲服务。组织本地农户及宾馆提供住宿服务，制定特色农家乐餐宿和本地化观光休闲服务；开展养生养老服务。吸引省外客户携家人和朋友赴基地体验，同时利用周边优良的自然环境和配套服务设施，提供养生养老服务，不断提升服务附加值。

6 总结

辉南县区域生态农业是落实我国绿色转型规划的有益尝试，推进了国家"一号文件"中提出的实现新型现代化农业，三和农场主要是以家庭农场为主体，积极探索认养农业等新型农业经营模式。其中，稻—鸭模式是一项实现农业可持续发展的新模式，"稻—鸭共作"系统改变了传统意义上稻田耕作的模式，在原有基础上继承、创新和发展了传统稻田的养殖模式，在发挥稻田的生产功能的同时更加注重稻田的生态功能。该"稻—鸭共作"系统将着重提高稻田的生产功能转变为发挥稻田的生态功能，这种做法不仅改善了稻田土壤理化性状和农田环境质量，提升了农产品品质和效益，实现了现代稻作生产的节能减排，确保稻作生产可持续发展。"秸秆还田"与"沼田结合"两种辅助循环模式可以保持土壤中腐殖质的平衡，提高土壤肥力；同时利用了沼气的综合效益，将有机水稻栽培技术、生物防虫害技术、物理防治技术等有机结合，建立了相对于动植物双向有利的生态环境。合作社与企业相互合作的方式加速了农民土地的流转，极大地提高了土地利用率，在促进该县农民增产增收的同时也有利于推进农业现代化，是一种符合我国现代生态循环农业发展的模式之一。除生产种植之外，"互联网+"的推广模式，种植前锁定客户群体，成功解决卖粮难的问题。

辉南县三和农场生态循环农业发展模式虽然有极好的发展前景，但这种模式在应用中也面临亟待解决的问题，主要包括：①理论基础不够完备。生态循环农业是一种相对复杂的系统工程，需要从系统、综合的角度出发，对生态农业进行深入、细致的研究。②技术体系不够完善。目前在生态循环农业发展实践中，还缺乏关于技术措施相关的研究，其中既包括传统技术如何得到发展，也包括高新技术如何成功引进等相关问题。③政策方面需要改善。如果不能得到政府政策上的支持，就无法使生态循环农业得到真正的普及和发展。④主导产业还不够强。需要进一步推动龙头企业的发展，延伸产业链。⑤农民的生态循环农业意识还不够强，资源利用不够合理。

总体来看，生态循环农业发展做到了与时俱进，具有较强的科技含量和前瞻性，有利于推动吉林省农业产业健康发展，稳定市场供应，满足消费需求，增加农民收入。这种发展模式将逐渐改变本农场的生态环境、养殖环境、资源利用环境等，从而实现了农产品的安全生产，并且从根本上完善了农场的产品质量，满足了消费者对"健康优质"农产品的需要，也将为今后国家倡导节能减排、安全高效的农业发展开创新河。对能源的综合利用做出有效的示范带动作用，开辟了休闲旅游的新篇章，促进生态农场今后发展开拓新思维，创造新的附加效益，不断创新，成为21世纪生态循环农业发展的新标杆！

参考文献

［1］吉林省东部绿色转型发展区总体规划［Z］.2014.

［2］宋鸽.吉林省东部绿色转型发展区空间布局研究［D］.吉林大学博士学位论文，2015.

［3］祝小琳.吉林省生态型农业建设研究［D］.吉林大学博士学位论文，2016.

［4］李国英."互联网+"背景下我国现代农业产业链及商业模式解构［J］.农村经济，2015（9）：29-33.

讨论题

（1）吉林省辉南县三和农场的生态循环农业发展中体现了哪些农林经济管理理论？并谈谈该理论如何应用到实践当中？

（2）吉林省辉南县三和农场的发展模式是否合理？该模式是否具有推广意义与可行性？

（3）根据吉林省辉南县三和农场生态循环农业发展经验，请结合实际，选取一个地点，考虑如何开展符合地方特色的生态循环农业建设？

（赵丹、任亮）

吉林省舒兰市秸秆的资源化利用

案例概要：近年来，随着秸秆资源化利用技术的不断完善和推广应用，秸秆用作肥料、饲料化、工业化、能源化、基料化和收储运的"五化利用"得到较快发展，特别是以秸秆为工业原料生产代木产品、发电、秸秆成型燃料、秸秆沼气企业的兴起，推动了秸秆商品化和资源化，实现了变废为宝、化害为利和农民增收。因地制宜、科学合理地推进秸秆综合利用和禁烧，有利于提高资源利用效率，延伸农业生态链条，改善农村生态环境，促进农业生态文明建设。根据环境保护部门和国家气象局的遥感监测数据，秋收期间秸秆的集中焚烧增加了部分区域雾霾天气的严重程度。焚烧秸秆时，大气中二氧化硫、二氧化氮、可吸入颗粒物三项污染指数达到高峰值，其中二氧化硫的浓度比平时高出 1 倍，二氧化氮、可吸入颗粒物的浓度比平时高 2 倍。因此，抓好秸秆综合利用和禁烧工作，是当前治理雾霾天气的有效措施，并且该任务紧迫而艰巨。

案例主题词：秸秆综合利用；农业废弃物资源化利用；农业可持续发展

1　基本情况简介

舒兰市位于东北粮食主产区，有着良好的土壤、气候和水分等适合农作物生长的自然条件。据测算，舒兰市粮食产量常年保持在 125 万吨水平，是国家商品粮基地、国家低碳能源示范县以及吉林省农作物秸秆综合利用试点县。舒兰市农业生产剩余物可收集量达到 130 万吨，其中，玉米秸秆 83 万吨，水稻秸秆 35.8 万吨，杂粮秸秆 1.2 万吨，水稻稻壳 10 万吨。目前，大部分农业生产剩余物被农民直接燃烧，小部分出售作为生产原料，没有得到充分利用，有广阔的开发空间。此外，舒兰市现有生物质资源开发利用已具备一定规模，"十二五"期间舒兰市生物质资源综合利用技术成熟，为舒兰市秸秆综合利用提供了可靠的保证。

2　发展历程

2.1　发展简介

早在"十一五"期间，国家就提出要大力推行"草变肉"工程，力争通过秸秆的过腹转化实现农民增收。经过近十年的发展，秸秆综合利用能力始终没能形成产业化。2008年国务院办公厅印发了"关于加快推进农作物秸秆综合利用的意见"（国办发〔2008〕105号），2011年国家发展改革委、农业部、财政部下发"关于印发'十二五'农作物秸秆综合利用实施方案的通知"，2014年国家发改委和农业部发布了《秸秆综合利用技术目录》，提出促进秸秆肥料化、能源化、原料化、饲料化和基料化"五化"综合利用，并将"五化"工程分解为19项技术。

"十三五"开局之年，吉林省提出要率先实现农业现代化和畜牧业现代化，重点提出要大力发展秸秆养畜，积极鼓励开展秸秆饲料新技术普及和新产品开发，加速推进秸秆饲料专业化和产业化进程。

舒兰市是全国商品粮生产基地、全国生猪调出大县、全省肉牛（羊）生产大市，年均农业秸秆产量达120万吨以上，年均饲养畜禽（不包括肉鸡和蛋鸡）达240万头（只）以上，但目前秸秆利用率不足25%，剩余部分基本无控焚烧，不仅浪费资源、污染环境，还严重威胁着交通运输安全，已成为舒兰市打造现代化农业生态市的重要"瓶颈"，亟待解决。在这种大背景下，采用先进技术，有效开发秸秆循环综合利用价值，填补舒兰市农业秸秆加工产业空白，带动农牧业结构变革，使该产业形成农村经济新的增长点势在必行。为此，舒兰市政府制订了

《舒兰市 2016 年秸秆综合利用实施方案》，以秸秆"五化"利用为重点，促进秸秆综合利用。

2.2 发展现状

2.2.1 秸秆综合利用概述

从根本上解决秸秆焚烧问题的关键是秸秆的资源化利用，因此，舒兰市在抓好秸秆禁烧工作的同时，加强农作物秸秆综合利用技术的研发和推广应用：一是建立秸秆收储体系，成立秸秆收储运营公司，建立标准化秸秆收储场，解决秸秆乱堆乱放和生产企业原料供应链条脱节的问题；二是加大秸秆还田力度，通过机械直接还田、覆盖还田、堆沤还田等方式，扩大还田面积，有效增加土壤有机质含量，改良土壤，培肥地力；三是秸秆饲料化，积极扶持秸秆技术研发和加工转化，加快秸秆饲料专业化、产业化生产；四是推进秸秆能源化利用，积极发展生物质发电、生物质成型燃料、生物质气化发电等能源化利用项目建设；五是加快秸秆综合利用技术创新，加强对秸秆固化及配套设备关键技术的研究，提高秸秆综合利用的附加值。

具体来说，舒兰市秸秆综合利用表现在以下五个方面：

（1）燃料化利用方面。积极推进秸秆综合利用燃料化开发，以舒兰聚烽新能源、天众和再生新能源、长春宏日新能源、金禾新能源公司等一批秸秆综合利用企业为主要依托，利用玉米秆、麦草、稻草、稻壳等废弃物，经过粉碎、加压、增密、成型等工序生产颗粒、碳棒等清洁固体成型燃料，而压缩碳化成型的现代化清洁燃料又是新兴的生物质发电专用燃料，估计 2016 年燃料化利用秸秆可达 20 万余吨。

（2）饲料化利用方面。大力发展种养结合技术，重点推行了青贮玉米和秸秆揉丝微贮、玉米秸秆黄贮的综合利用模式。目前我市青贮玉米种植面积累计达到 450 亩，青（黄）窖累计达 33587.6 立方米，通过种植结构调整扩大饲料玉米种植面积，建设青（黄）贮窖，2016 年全市新建 21600 立方米，其中上营镇农丰牧业有限公司养牛场新建青（黄）贮窖 14600 立方米，引进秸秆揉丝拉伸微储技术，解决玉米秸秆青储中出现的技术问题，提高秸秆饲料化综合利用率和转化率，估计 2016 年可饲料化利用 3 万余吨秸秆。

（3）能源化利用方面。舒兰市正在积极建设生物质直燃发电工程、燃煤锅炉改燃试点工程和用生物质炉具生产及推广工程，并在企业用电和锅炉改燃项目上提供政策支持，推进秸秆能源化利用。

（4）工业化利用方面。在舒兰市投资建设各种专业化企业，生产稻草板、饲料草砖及草编等，变废为宝。具体又实施了建筑稻草板生产工程，舒兰市恒大环保公司目前在开发区已建成一条生产线并投入生产，计划年消耗秸秆6万余吨；实施了饲料草砖生产工程，在舒兰市平安镇、开原镇、新安乡、白旗镇等地共有饲料草砖加工厂8家，产品甚至出口到日韩等国家，年消耗秸秆3万吨左右；实施了草编生产工程，在舒兰市平安镇多年形成的草编产业基础之上，目前有7家草编大户，年编织草帘片总量达到1000万延长米，年消耗秸秆5万吨以上。综上，估计2016年全年舒兰市可消耗秸秆10万余吨。

（5）肥料化利用方面。大力推广秸秆粉碎还田等保护性耕作技术，促进秸秆就地还田，进一步提高秸秆肥料化利用率。舒兰市现拥有大型精量免耕播种机24台，年作业面积240公顷，年秸秆还田量0.288万吨。

2.2.2 秸秆资源情况

舒兰市现有耕地面积14.8万公顷，年产粮食120万吨左右，全市农业生产剩余物可收集量130万吨，其中，玉米秸秆83万吨，水稻秸秆35.8万吨，杂粮秸秆1.2万吨，水稻稻壳10万吨，如表1所示。

表1 舒兰市农作物秸秆可收集量

序号	农作物名称	播种面积（公顷）	产量（万吨）	剩余物可收集量（万吨）				
				小计	秸秆	稻秆	稻壳	杂粮秆
1	玉米	9.2	83	83	83			
2	水稻	5.2	35.8	45.8		35.8	10	
3	杂粮	0.4	1.2	1.2				1.2
4	合计	14.8	120	130				

2.2.3 秸秆综合利用情况

（1）2015年舒兰市秸秆综合利用企业运行情况。舒兰市现有重点农作物剩余物综合利用企业8户，年可消耗农业生产废弃物12.1万吨，如表2所示。

表2　现有重点农业生产剩余物综合利用企业基本情况

序号	企业名称	产品名称	生产能力（万吨）	年消耗生物质原料数量		
				小计	秸秆	稻壳
1	聚烽生物再生能源有限公司	颗粒燃料	5	6.5	4	2.5
2	金禾生物质能源有限公司	颗粒燃料	2	2.5	2.5	
3	君吉碳化有限责任公司	碳化稻壳	1	1.5		1.5
4	鑫达保温材料有限公司	碳化稻壳	1	1.2		1.2
5	大连禾华畜牧有限责任公司	压块饲料	0.6	0.6	0.6	
6	白旗镇广达稻草加工厂	压块饲料	1.5	1.5	1.5	
7	舒兰市大维草制品有限公司	草绳	0.8	1	1	
8	舒兰鑫春草编专业合作社	稻草帘	0.2	0.3	0.3	
	合计		12.1	15.1	9.9	5.2

目前，舒兰市玉米秸秆收购价格为每吨 300 元，稻秆收购价格为每吨 250 元，稻壳收购价格为每吨 280 元。

（2）2015 年舒兰市利用秸秆资源量。"十二五"期间，舒兰市生物质能多元化利用取得较大进展，生物质燃料、保温材料、生物质饲料等多种利用方式并举，技术不断进步，已呈现出规模化发展的良好势头。

据调查，2015 年舒兰市村民作为燃料及畜禽饲料分别消耗各种秸秆 15.5 万余吨和 9 万余吨。舒兰市现有重点农作物秸秆生产加工企业 8 户，其中生物质燃料生产企业 2 户，每年可消耗农作物秸秆 9 万余吨；饲料压块企业 2 户，每年可消耗农作物秸秆 2.1 万余吨；保温材料生产企业 2 户，每年可消耗农作物秸秆 2.7 万余吨；稻草编制企业 2 户，每年可消耗农作物秸秆 1.3 万余吨。

舒兰市综合利用农作物秸秆 41.1 万吨，综合利用率为 31.62%。其中，秸秆燃料化利用量为 24.5 万吨，占秸秆总产量的 18.85%，占秸秆综合利用量的 59.61%；秸秆饲料化利用量为 11.6 万吨，占秸秆总产量的 8.92%，占秸秆综合利用量的 28.22%。如表3所示。

2.2.4　舒兰市秸秆综合利用潜力分析

（1）秸秆剩余量。经计算，舒兰市 2015 年秸秆剩余量约为 88.9 万吨，占农作物秸秆总产量的 68.38% 左右。

表3　舒兰市农作物秸秆资源利用现状

序号	项目名称	产品名称	总数量（万吨/年）	消耗量（万吨/年）			
				秸秆	稻秆	稻壳	杂秆
一	产量		130	83	35.8	10	1.2
二	利用现状						
（一）	能源化						
1	村民燃料	燃料	15.5	10		5.5	
2	生物质燃料	颗粒燃料	9	6.5	2.5		
小计			24.5	16.5	2.5	5.5	
（二）	饲料化						
1	禽畜饲料	饲料	9.5	9.5			
2	饲料压块	饲料	2.1	2.1			
小计			11.6	11.6			
（三）	工业化						
	保温材料	碳化稻壳	2.7			2.7	
（四）	其他		2.3	1.3		1	
	合计		41.1	29.4	5.2	6.5	
三	剩余		88.9	53.6	30.6	3.5	1.2

（2）废气焚烧情况以及带来的环境污染。舒兰市环境监测站的监测数据显示，秋收期间秸秆集中焚烧，增加了雾霾天气的严重程度。焚烧秸秆时，大气中二氧化硫和可吸入颗粒物等二项污染指数达到高峰值。如表4所示。

表4　10月环境污染指数

序号	名称	平均值（毫克/立方米）	最大值（毫克/立方米）	出现时间
1	二氧化硫	0.043	0.053	10月23日
2	可吸入颗粒物	0.079	0.247	10月25日

由表4可知，焚烧秸秆时，二氧化硫的浓度是平均值的1.23倍，可吸入颗粒物的浓度是平均值的3.13倍。

3 经营状况

近年来,舒兰市通过加快推广应用技术已基本成熟、具备产业化发展条件或产业化有一定基础的生物质发电、生物质燃料、生物质天然气、生物质气化发电等与农作物秸秆综合利用相关的多元化利用技术,优化秸秆综合利用结构,提升了秸秆商品化价值。

3.1 投资项目及投资规模

舒兰市着力投资生物质发电项目和生物质成型燃料项目,重点扶持了六家典型企业的秸秆综合利用项目,总投资高达 53056 万元。其中,生物质发电是利用生物质所具有的生物质能进行发电,是可再生能源发电的一种,发展生物质发电,可显著减少二氧化碳和二氧化硫的排放,产生巨大的环境效益。生物质发电重点建设了舒兰矿业(集团)有限公司的生物质发电项目,项目总投资 3.5 亿元,2016 年完成投资 1 亿元。

生物质成型燃料是一种清洁低碳的可再生能源,具有绿色环保、高效节能等特点,可广泛应用于纺织、印染、造纸、食品、橡胶、塑料、化工、医药等工业产品加工工艺过程所需高温热水,并可供企业、机关、宾馆、学校、餐饮、服务性行业的取暖、洗浴、空调与生活用所需热水。生物质成型燃料则重点建设了 5 个项目:舒兰拓宇生物质能源公司的生物质颗粒燃料生产项目(项目总投资 5700 万元,2016 年完成投资 3500 万元)、舒兰聚烽生物质再生能源有限公司的扩大生产和技术改造项目(项目总投资 800 万元,2016 年完成全部投资)、舒兰市天众和再生能源有限公司的秸秆致密成型生物质燃料生产项目(项目总投资 5056 万元,2016 年完成投资 3500 万元)、舒兰市金禾生物质能有限公司的生物颗粒燃料生产项目(项目总投资 2500 万元)、舒兰市森鑫木制品新能源有限公司的秸秆颗粒改扩建项目(项目总投资 4000 万元)。

3.2 典型企业发展状况

在舒兰市政府的大力投资下，舒兰市的秸秆综合利用有了较为长足的发展，下面主要介绍其典型企业的发展状况。

3.2.1 舒兰矿业（集团）有限公司的生物质发电项目

舒兰矿业（集团）有限责任公司前身为舒兰矿务局，位于吉林省舒兰市吉舒镇，成立于 1958 年，为全国 96 个国有重点煤炭企业之一。1998 年 8 月下放吉林省管理。2005 年 12 月，按省政府企业改制要求，改制为舒兰矿业（集团）有限责任公司，现隶属于吉煤集团公司。全公司共有员工 2800 余人，资产总额约 15 亿元。公司下设二矿、营胜矿 2 个矿；机电制造公司、煤炭运销公司、煤炭储备基地、非煤产业发展公司、网络传媒公司、设计院 6 个全资子公司；云南吉煤鼎顺公司和春霖大板厂 2 个控股公司；安全技术培训中心、直属公司、刘家渠煤矿 3 个直属单位以及物资供应公司 1 个分公司。

该公司生物质发电项目位于舒兰市经济开发区，占地面积 76263 平方米，建筑面积 58214.84 平方米，包括汽机房、锅炉房、储料棚、冷却塔、上料栈桥、汽车衡、水预处理室、工业消防蓄水池等；新增设备 3 台套，包括锅炉、汽轮机、发电机。新上 1 台 30 兆瓦汽轮发电机组、1 台 130 吨蒸汽锅炉，采用高温高压技术，年发电 2100 万千瓦时/年，项目建成后年消耗秸秆 23.3 万吨。

3.2.2 舒兰拓宇生物质能源公司的生物质颗粒燃料生产项目

舒兰市拓宇生物质新能源有限公司，成立于 2014 年 12 月 9 日，注册资金 1000 万元，主要经营生物质颗粒生产、销售。

该公司的生物质颗粒燃料生产项目位于平安镇粮食加工园区，总占地面积 10 万平方米，总建筑面积 40166 平方米，新建办公楼、展厅、生产车间等。新购置 HT-500 新增立式环模颗粒成型机、分水机、烘干机等设备 92 台（套）。项目通过清选粉碎烘干、旋风分离、挤压成型等工艺，生产生物质颗粒，建成后年产生物质颗粒燃料 12 万吨，每年消耗农作物秸秆 16.2 万吨。如表 5、表 6 所示。

表 5 主要产品方案

序号	产品名称	规格	产量	备注
1	生物质颗粒燃料	8 毫米（吨/年）	9 万	
2	生物质颗粒燃料	6 毫米（吨/年）	3 万	
3	合计		12	折标准煤 26 万吨

表 6 主要原材料

序号	名称	数量（年）	备注
1	玉米秸秆（吨）	80000	
2	稻壳（吨）	50000	
3	稻草（吨）	32000	
4	合计（吨）	162000	

3.2.3 舒兰聚烽生物质再生能源有限公司的扩大生产和技术改造项目

舒兰市聚烽生物再生能源有限公司成立于 2014 年 5 月，注册资本 1000 万元，是一家专业从事生物质能源生产的民营企业。公司位于舒兰市平安镇新发村，占地 21000 平方米，现有职工 60 人，其中，现有技术人员 10 人，生产人员 50 人。公司现有资产总额 2819 万元，其中，固定资产 2183 万元；资产负债率 22.04%。该公司主导产品为以稻壳、稻草、玉米秸秆等农产品加工剩余物为原料，生产生物质颗粒燃料，现生产能力为年产 5 万吨。现有自主研发的、具有国家发明专利知识产权的生物质颗粒生产线 8 条，有各种辅助生产设备 40 余台套。该生产线生产的产品于 2014 年通过了吉林省工信厅的新产品鉴定，结论为"该企业采用先进的环模技术生产生物质颗粒燃料的新技术与工艺，实现了稻壳的高效利用，有效缓解了目前环境污染、资源紧张等难题。企业产品性能达到国内同类产品先进水平。

该公司项目建设地点为平安镇房身村，占地面积 21000 平方米，项目建筑面积 14040 平方米，包括生产车间、产品库房、粉碎车间、烘干车间、原料厂等。项目新建一栋 5000 平方米生产车间，新增粉碎机、烘干机、颗粒成型机、燃料棒挤出机等设备 6 台（套）。项目通过清选除尘、粉碎、烘干、挤出成型、筛选分级等工艺，生产生物质颗粒。建成后年产规格为 $\varphi 8(6) \times 30mm$ 的生物质颗粒燃料 12 万吨，其中 7 万吨为新增产能，年消耗农作物秸秆 16.2 万吨。

3.2.4 舒兰市天众和再生能源有限公司的秸秆致密成型生物质燃料生产项目

舒兰市天众和再生能源有限公司是一家致力于生物质致密成型燃料、生物质锅炉研发及生产的科技型公司，位于舒兰市市区。公司对秸秆饲料、燃料领域进行了广泛深入研究，经过多年努力，成功研制出秸秆颗粒配合饲料、秸秆生物质颗粒燃料成型设备及配套民用生物质炊事采暖两用炉、生物质锅炉系列产品，形成了较完备的产业系统，对解决农村农作物秸秆综合利用难题起到了重要的作用。公司在产业化、集约化、规模化、生态化上形成了自己的产业优势，在生物质致密成型燃料研发拥有顶级专家团队，始终保持着先进技术水平。

该公司项目建设地点为亮甲山乡，占地面积 23500 平方米，建筑面积 10500 平方米，包括生产车间、成品仓库及办公室等。新增设备 32 台（套），包括烘干机、多功能粉碎机、集尘器、秸秆造粒机、混合机、输送机、冷却干燥机、空压机、自动包装机等。项目生产技术采用吉林省华光生态工程技术研究的秸秆粉碎—干燥—制粒高新技术生产生物质颗粒燃料。项目建成后，每年可生产秸秆颗粒 8 万吨，消耗玉米秸秆 9.6 万吨。

3.2.5 舒兰市金禾生物质能有限公司的生物颗粒燃料生产项目

舒兰市金禾生物质能有限公司是一家专门致力于科技含量高、市场前景好的农作物秸秆综合开发、研制、生产、推广应用及规模化生产玉米秸秆颗粒生物燃料，玉米秸秆颗粒燃料，木质颗粒燃料，秸秆与油页岩成型颗粒燃料的科技型企业。舒兰市金禾生物质能有限公司在舒兰市政府、市发改局、市农发办、市农业局、市畜牧局等部门的大力支持下于 2009 年正式成立，是吉林地区第一家农作物秸秆综合开发利用的公司，2011 年成功引进日本农作物废弃物制造新型燃料技术。在日本专家及公司专家的共同努力下，第一个完善了整套农作物废弃物制造新型燃料生产技术。现有秸秆颗粒燃料生产车间一座。2015 年，舒兰金禾生物质能公司与吉林市厦林化工分离机械工业有限公司、韩国利特公司建立战略合作伙伴关系，充分利用两公司的机械制造与自动化和秸秆生物质研究的优势，把舒兰市金禾生物质能公司打造成舒兰市低碳能源示范企业，为舒兰市农作物废弃物综合利用、节能减排、发展节能清洁能源、带动农户致富做出应有的贡献。

该公司项目建设地点为舒兰市溪河镇官屯村，项目在原有的基础上，按照填平补齐的原则，在吉林市厦林化工分离机械工业有限公司和韩国利特公司的技术支持下，建成年产 5 万玉米秸秆生物颗粒燃料生产线七条，新建生物颗粒燃料车间一座 600 平方米，钢构生产车间及产品储存库各一栋 1200 平方米，各种机械机具库一座 600 平方米，秸秆生物质产品研究室一个 500 平方米。购置东方红农用拖拉机 704 型 10 台，554 型 10 台，554 型拖车 10 台，秸秆装载机 2 台，大型粉碎机 2 台，破碎机 1 台，烘干机 1 台，灌装生产线 1 套，150 吨地秤 1 台。通过粉碎除尘、混合、高温加热加压成型等生产技术，生产秸秆生物质颗粒。2016 年，新增产能 3 万吨，项目建成后，年产生物质颗粒 5 万吨，消耗玉米秸秆 6 万吨。

3.2.6 舒兰市森鑫木制品新能源有限公司的秸秆颗粒改扩建项目

为响应国家节能减排的号召，舒兰市森鑫木制品新能源有限公司 2013 年注册成立，并于年底初步完成一期基础建设，2014 年初完成设备安装调试并投产。2014~2015 年底共加工销售颗粒成品 41300 吨，消化秸秆及锯末 5 万余吨。

该公司项目建设地点为舒兰市群岭林场，占地面积 15000 平方米，建筑面积 7800 平方米，新增建筑物 2800 平方米，包括烘干车间、成型车间、物料库。项目新增设备 5 台套，包括颗粒成套设备、滚筒式烘干机。通过采用大连佳源生产的 SKJ450 型颗粒成套设备，生产生物质颗粒燃料，项目建成后秸秆颗粒产能将由 2 万吨/年增加至 6 万吨/年，每年消耗农作物秸秆 7.2 万吨。

4 经验教训

4.1 成功经验

4.1.1 落实属地主体责任实现秸秆禁烧

秸秆禁烧工作的主体责任为当地政府，当地市、乡两级政府主要负责人作为第一责任人，层层落实秸秆禁烧包保责任，实行相关领导和部门分片包保制度。秸秆焚烧主要发生在乡村，要把抓落实的重点放在乡村，乡镇政府是落实此项工作的组织保证，应充分发挥乡镇政府、村委会的作用。以乡镇为单位，组织乡村干部深入一线，分片严看死守。村委会把责任落实到村屯，村屯要有巡查员，时时巡查，定期报告，并配合一线执法人员现场执法，及时发现、及时查处。相关部门要加强执法，与基层政府配合，形成执法监管合力。突出重点区域的监管，对城市周边、铁路和公路沿线，加大巡查和管控力度，努力实现秸秆禁烧的任务目标。

4.1.2 大力推进秸秆综合利用

从根本上解决秸秆焚烧问题的关键是秸秆的资源化利用，因此舒兰市在抓好秸秆禁烧工作的同时，加强了对农作物秸秆综合利用技术的研发和推广应用。具体有以下几个方面：

一是建立秸秆收储体系，成立秸秆收储运营公司，建立标准化秸秆收储场，解决秸秆乱堆乱放和生产企业原料供应链条脱节的问题。

二是加大秸秆还田力度，通过机械直接还田、覆盖还田、堆沤还田等方式，扩大还田面积，有效增加土壤有机质含量，改良土壤，培肥地力。

三是秸秆饲料化，积极扶持秸秆技术研发和加工转化，加快秸秆饲料专业化、产业化生产。

四是推进秸秆能源化利用，积极发展生物质发电、生物质成型燃料、生物质气化发电等能源化利用项目建设。

五是加快秸秆综合利用技术创新，加强对秸秆固化及配套设备关键技术的研究，提高秸秆综合利用的附加值。

4.1.3 注重各种宣传引导的作用

充分发挥新闻媒体对秸秆综合利用的舆论引导和焚烧秸秆的舆论监督作用，广泛开展形式多样的宣传教育活动，加强秸秆综合利用和禁烧方面的宣传培训，充分利用报纸、电视、广播、互联网、微博等多种手段，大力宣传焚烧秸秆的危害和秸秆综合利用的益处，开展秸秆综合利用的经济、社会和生态效益知识的科普宣传，用实际效果引导、教育农民群众转变观念，为秸秆综合利用工作创造良好的社会舆论氛围，切实增强农民群众的主动参与意识，大力促进秸秆禁烧政策的推行和秸秆综合利用项目的实施。

4.2　需要改进之处

4.2.1　进一步提高政府运行效率

（1）建立秸秆综合利用组织机构。舒兰市政府应成立以主管领导为首、有关部门及乡镇参加的舒兰市农作物秸秆综合利用和禁烧工作领导小组，具体负责全市农作物秸秆综合利用和禁烧工作方案的制订、指标落实、项目建设、监督检查、产业发展等工作，确保工作方案全面落实。

（2）建立严格的考核制定。领导小组根据工作方案要求，要将约束性指标分解落实到相关单位和部门，明确工作责任和进度、强化督导、加强检查、建立严格的考核制度。

（3）加强对政府各部门机构的协调工作。领导小组对工作方案执行过程中出现的各种问题，及时协调各部门、各乡镇，积极研究制定、落实相应的政策和措施，推进舒兰市秸秆综合利用及禁烧工作。

4.2.2　落实有关政策保障

（1）进一步加大资金投入。加大对秸秆综合利用的财政投入力度，积极创新财政资金扶持方式，支持秸秆综合利用项目建设，撬动社会资本投入；鼓励各金融机构加大对秸秆综合利用项目的信贷支持，增加信贷投放。

（2）实施秸秆运输"绿色通道"政策。建立农作物秸秆运输"绿色通道"，享受车辆通过快检快速放行、整车合法装载捆扎打包后秸秆的运输车辆减免车辆通行费等优惠政策。

（3）制定并落实各种用地支持政策。落实好国家关于秸秆综合利用临时用地、设施农用地等土地政策，同时研究我省秸秆综合利用和收储体系项目建设用地的土地优惠政策，制定土地优惠政策清单，对秸秆综合利用项目建设用地，予以优先支持。

（4）落实税收、电价等优惠政策。落实国家秸秆综合利用企业税收优惠政策，秸秆热电联产、直燃发电优先上网且不限发政策，生物质发电项目标杆上网电价政策。符合条件的秸秆捡拾、打捆、切割、粉碎、压块等初加工执行农业生产用电类别价格，降低企业运营成本。

（5）制定秸秆田间收储扶持政策。研究以机收捡拾打捆为重点的秸秆田间收储扶持政策，鼓励重点地区开展秸秆机收打捆作业。

4.2.3 加快有关技术创新

加快秸秆综合利用科技创新，支持秸秆综合利用新技术与装备的研发及示范，不断提高秸秆综合利用的技术、装备和工艺水平，依托骨干企业、研究院所和大学等，开展新产品开发，使生物质资源的开发利用向高科技、深层次发展，扩大开发范围和产品技术含量；引进消化吸收适合的国外先进装备和技术，推进秸秆综合利用产业的发展。

4.2.4 加强有关执法监管

完善秸秆禁烧工作考核办法，健全秸秆禁烧管控网络，加大秸秆禁烧督查和问责力度，定期开展联合执法，严厉打击故意纵火焚烧秸秆的行为。同时，研究建立燃煤小锅炉退出机制，为生物质燃料使用拓宽空间，减少秸秆焚烧现象。

4.2.5 加强统计能力建设

秸秆资源量估算，是秸秆资源综合利用的基础。但由于统计不完全、对农作物产量统计不准确导致秸秆产量计算失误。因此，为准确掌握舒兰市秸秆生产和利用情况，全面推进秸秆综合利用，应加强统计能力建设，形成从基层乡镇到舒兰市完整的秸秆统计系统，其内容包括资源调查、报告、统计分析、数据汇总，形成完整的秸秆信息。统计系统建设包括：硬件建设，即计算机网络系统的建设；软件建设，即系统统计分析软件的建设；队伍建设，即由专职人员和兼职人员组成的队伍建设。

5 未来发展方向

根据吉林省的部署要求，在舒兰市全市范围内全面禁止焚烧、坚决遏制大面积露天焚烧农作物秸秆现象，特别是城市建成区周边，高速公路、国省道、主干道和铁路两侧及饮用水水源地、林地边缘等区域要基本消灭"火点"和"黑斑"。

为此，要加强政府引导、市场运作、疏堵结合、多措并举，进一步提高秸秆肥料化、饲料化、燃料化和原料化的利用率，建立秸秆综合利用长效机制，提高秸秆禁烧监管水平，推进农业可持续发展，加快秸秆综合利用技术创新，建设标准化秸秆收储加体系，使生物质能产业成为农业发展的重要领域，促进农民增收和改善农村生活条件。

5.1 不断提高秸秆综合利用率

坚持秸秆综合利用与禁烧相结合，以农业生产剩余物综合利用产业为重点，积极发展生物质发电、生物质颗粒燃料、生物质气化发电等项目，实现秸秆有效利用，不断提高舒兰市秸秆综合利用率，在 2016 年舒兰市新增秸秆综合利用能力 27.7 万吨，使秸秆综合利用率达到 52.92%，并在未来三年（2016~2018 年）的秸秆综合利用率可达到 80%~90%。

5.2 建立秸秆收储运服务体系

支持秸秆收储运体系建设，成立生物质资源收储运营公司，按照有法人营业执照、有加工场地和设备、有生产人员及制度、有一定生产规模、有稳定销售渠道等标准，建立标准化秸秆收储场，解决秸秆乱堆乱放和生产企业原料供应链条脱节的问题。在秸秆资源丰富的乡镇组建专业的经纪人队伍，为农民与用秸秆企业搭起桥梁，建立秸秆收购销售畅通的流通渠道，健全秸秆收储体系建设。

5.3 加快秸秆利用燃料化

目前，生物质成型燃料产业在舒兰市已形成一定的规模，其中舒兰市聚峰生物再生能源有限公司已成为吉林省生物质颗粒燃料生产规模最大的企业。2016年，舒兰市将在现有的基础上，在重点发展生物质成型燃料产业的同时，扶持一批秸秆能源化利用项目。

参考文献

[1] 舒兰市人民政府.舒兰市 2016 年秸秆综合利用试点实施方案［Z］. 2016.

[2] 舒兰市人民政府，吉林大学.舒兰市农业废弃物资源化利用试点方案［Z］. 2016.

讨论题

(1) 除了本案例中提到的秸秆综合利用"五化"处理之外，你还知道哪些秸秆综合利用的方式？有没有现实案例提供依据？

(2) 秸秆综合利用要因地制宜，不可生搬硬套，试结合你的家乡谈谈如何进行秸秆综合利用？

(3) 秸秆综合利用体现了可持续发展的要求，具有很高的现实意义和经济价值，试从政府、企业和个人三个主体角度谈谈如何切实综合利用秸秆？

(黄博文、潘鸿)

延边州图们市昌新农场"家庭农场+合作社"模式

案例概要： 改革开放后，随着我国经济社会持续 30 年的高速发展，传统农业的生产模式已经不再适用，农业越来越朝着现代化方向发展。2013 年，"中央一号"文件提出"家庭农场"这一新型农业经营主体的概念，农业规模化、集约化、商品化是家庭农场的四大特点，这也是我国实现农业现代化的基本要求。因此，国家相继出台多项优惠政策支持家庭农场的发展。本案例结合作者多次的农场实地调研，梳理了昌新农场的发展历程、遇到的问题及"家庭农场+合作社"模式的发展经验，并为昌新农场的未来发展提出相应建议。

案例主题词： 家庭农场；新型经营主体培育；农业产业化经营

1 农场简介

1.1 基本情况

图们市昌新水稻专业农场位于吉林省延边朝鲜族自治州图们市月晴镇歧新村，成立于 2014 年，是在原月晴镇故乡农民专业合作社的基础上进行改组成立的，负责人为金镇权，经营土地面积 70 公顷，主要经营水稻、玉米种植和销售，其中，水稻种植面积 40 公顷，玉米种植积 30 公顷，目前由 105 户农民合作经营。

歧新村位于月晴镇西 2 千米处，属于图们江流域，与朝鲜隔江相望，地理位置优越，依山傍水，生态环境很好，因此生产出来的大米不仅颗粒饱满，而且口味清香。村中村民均为朝鲜族，村中在册人口 509 人，常住人口 132 人，本地劳动力大量外出去韩国打工，常年不回家，因此村中有大量闲置土地。通过将村内的土地进行流转集中，成立了以水稻种植为主的家庭农场，目前该农场已经形成了一个集种植、生产、加工、销售为一体的农业产业链。

1.2 成立缘由

金镇权与妻子早年在外打工，其间攒下一定的财富。2000 年，常年在外务工的金镇权，回到家乡看到，家乡没有大型工厂、村里青壮年越来越少、剩下的大都是没有劳动能力的老年人，村内老龄化问题严重，同时有大量土地被闲置。

在国家鼓励支持农民返乡就业创业的大背景下，政府通过与银行等金融机构的协调，从而提高了农业贷款的投放，拓宽了家庭农场融资渠道。延边州政府结合本地实际，创新开展农村土地经营权抵押贷款，并对农场主的贷款贴息 60%，大大减小了家庭农场的融资压力；另外，成立小额贷款担保公司，扶持家庭农场主创业；各项优惠政策的出台，解决了发展家庭农场前期的融资难题。

因此，在外打工多年的金镇权，决定回到家乡创业。他通过建立合作社进行土地流转，将村中闲置土地集中起来，统一生产经营，开始了创业之路。

2 发展历程

表 1 昌新农场发展历程

经营形态	时间	事件
农产品加工工厂	2001 年	• 开办豆油加工厂
	2003 年	• 收购了水田 10 公顷、旱田 10 公顷 • 购买农作物收割机 2 台
	2006 年	• 购买二手大米加工设备

经营形态	时间	事件
专业合作社	2009 年	• 设立月晴镇故乡农民专业合作社，联合 60 家农户入股合作 • 建设厂房 • 购买粮食加工项目
	2010 年	• 增加大米加工设备 • 2010 年度专业合作组织工作"先进单位" • 2010 年度全市农产品加工专业"优秀奖"
专业合作社与专业农场	2011 年	• 设立昌新水稻种植专业农场 • 注册商标"谷口" • 2011 年度延边州供销合作社系统"模范农民专业合作社"
	2013 年	• 扩大专业农场规模（扩大水田与旱田面积） • 购入玉米加工设备，扩大加工范围及规模
	2015 年	• 扩大专业农场规模（扩大水田与旱田面积） • 延边州"优质绿色农产品生产基地"

注：数据由作者本人与农场主访谈内容实情整理。

2001 年，投资 1 万元购买了村农科站出售的被淘汰下来的机器及厂房。然后将用不到的机器售出，购买新机器，开办豆油加工厂。

2004 年，持续投入资金，扩大加工厂。

2005 年，与岐新村内几家专业大户（主要为村内外来户）签订种植大豆及水稻，为加工原料的来源提供了保障。

2006 年，继续扩大厂房购买新型机器。

2009 年，以农产品加工厂为基础开设了月晴镇故乡农民专业合作社，初期注册资本 30 万元，有 60 家农户入股合作。此后将种植的水稻等作物通过合作社销售到市场上，从而可获取农产品流通环节产生的增值收入，提高了社员的经济效益。

2010~2011 年，先后投资 150 多万元更换先进的大米加工设备。

2011 年，在合作社基础上设立昌新水稻种植专业农场、注册商标"谷口"，提高大米质量，同时对大米进行精包装等，获得了良好效益。同年，对合作社经营规模进行升级，加大投入，注册资本更改为 35.7 万元，合作农户也增加到 77 户。

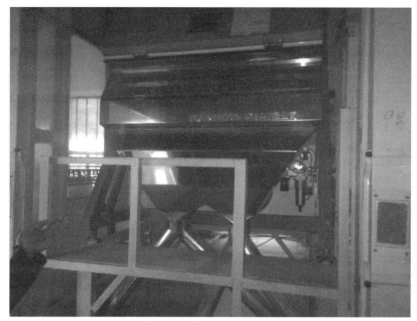

图1　故乡农民合作社的大米加工设备

图2　故乡农民专业合作社注册的"谷口"商标

2012年至今，更是持续加大投资力度扩大专业农场经营规模，收购和承包村内土地。

2013年，购入玉米加工设备，扩大加工范围及规模。

3 发展现状

3.1 经营规模

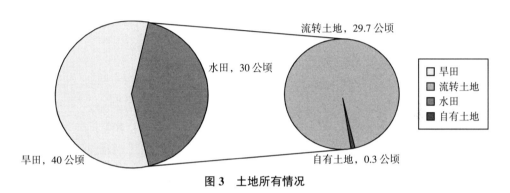

图 3 土地所有情况

农场主金镇权本身拥有岐新村村内土地水田 3 亩,自 2003 年起,金镇权场长开始购买和承包村内土地,目前金场长经营水田面积约为 40 公顷,旱田约为 30 公顷。土地来源主要有以下三种途径:

一是外出务工者打算在国外或城内定居,缺少资金或放弃打理土地,因此将手中土地承包权卖出;

二是村内青壮年外出务工,家中老人无法打理田地,因此将土地出租以获取租金;

三是向村委购买或承包土地。

3.2 资金状况

该农场初期建立工厂时由于资金不足,金镇权向亲戚朋友借了不少钱;那时土地产权证无法作为抵押物,只能将拥有的几间房子作为抵押资产。由于金镇权本身汉语水平不高,而贷款手续又过于复杂,导致填写申请材料有困难,向银行贷款十分困难。延边州结合国家政策制定了农村土地经营权抵押贷款后,农场获

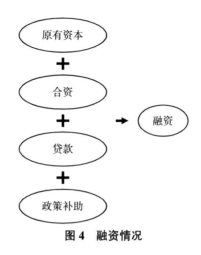

图 4　融资情况

得 100 万元贷款资金，月利率是 0.7%，每年还可获得财政贴息 60%。

除了在贷款上的贴息以外，国家补贴还体现在种粮直补，200 元/亩，一晌地一共补贴 2000 元；种子补贴，水田 25 元/亩，旱田 15 元/亩。当地补贴额度大于其他城镇乡村的原因是月晴镇岐新村位于中朝边境，国家对于边境地区的补贴额度大于普通内陆乡镇。由于国家大部分政策补贴和优惠待遇主要是针对农业合作社，因此农场对外主要以合作社形式申请国家补贴和优惠待遇。

从延边州农委了解到，由于省内对于家庭农场方面的相关政策和补贴少于合作社，因此，一方面，将家庭农场划分到合作社报给吉林省政府为农场主争取资金补贴；另一方面，延边州政府也拿出大量的财政资金扶持州内家庭农场的发展。此外，国家补贴还涉及保险补贴和农机具补贴。

3.3　资本要素投入

如图 5 所示，农机具、固定资产、劳动力等要素投入情况。

金镇权场长所拥有的固定资产来源除在农业科技站买的以外，还有一部分是向离开村里并在国外定居的人收购而来的。面对村内劳动力不足的问题，主要是采取加大机械化程度解决。农场引进先进的加工设备，如大米加工设备，可以完成从水稻的浸泡脱壳分类加工到大米包装的一系列流程。

农场在水稻和玉米的播种时间上，一般控制在 10 天以内，以使作物饱和度达到最大，从而提高农产品的质量和产量，达到效益最大化。因此在春种时，除

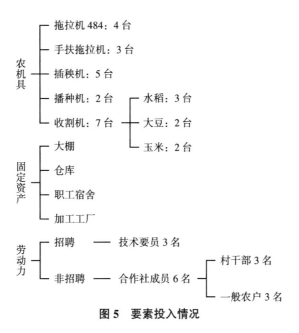

图 5　要素投入情况

了合作社内部成员和招聘的技术顾问等长期劳动力以外，农场还会额外雇用一些当地农户开垦播种，以缩短播种周期。

4　经营状况

4.1　农机具配置（如表 2 所示）

表 2　农机具配置

序号	机械名称	数量/台
1	拖拉机 484	4
2	手扶拖拉机	3
3	插秧机	5
4	播种机	2
5	水稻收割机	3
6	玉米收割机	2
7	大豆收割机	2

4.2 水稻的经济效益分析

4.2.1 水稻种植成本

根据实地调研，家庭农场水田面积为 30 公顷。

表 3 每公顷水稻种植成本

序号	成本类型	每公顷成本（元）	备注
1	种子	495	种子 5.5 元/斤、每公顷需投入 90 斤
2	化肥	3000	每公顷投入 3000 元
3	折旧	1085.7	各种农机具投入约 80 万元，农机折旧按 10 年计算，残值按原值 5%计算，按经营土地总面积 70 公顷平摊
4	农机修理费	324.8	维修费 8000 元/台，共维修 3 台农机，按经营土地总面积 70 公顷土地平摊
5	土地流转费	5500	与农户签订 10 年合同，但流转费用每年商量一次
6	临时用工费	3000	农忙时雇一些临时工
7	车费	2500	
	总计	15905.5	

4.2.2 大米经营效益分析

每公顷水稻的产量为 14000~16000 斤，平均产量为 15000 斤/公顷。

（1）30 公顷水稻的成本。

种植产量 = 种植面积 × 单位产量 = 30 × 15000 = 450000（斤）

种植成本 = 种植面积 × 单位成本 = 30 × 15905.5 = 477165（元）

（2）大米加工厂的成本。

农场种植水稻的产量 450000 斤，向其他农民收购 616667 斤，出米率按 75%计算，大米加工厂每年加工约 400 吨大米，水稻平均收购价格 1.55 元/斤。

收购成本 = 收购价格 × 收购量 = 1.55×616667 = 955833.8 元

（3）大米的收益分析。

水稻加工成大米后销售到市场上的价格是 3 元/斤

总收入 = 大米产量 × 大米销售价格 = 400 吨 × 3 元/斤 = 240 万元

利润 = 总收入 − 总成本 = 2400000 − 477165 − 955833.8 = 967001.2 元

4.3 玉米的经济效益分析

4.3.1 玉米种植成本（如表4所示）

表4 种植每公顷玉米的成本

序号	成本类型	每公顷成本（元）	备注
1	种子	1400	种子价格15~20元/斤，按17.5元/斤计算，每公顷需投入80斤种子
2	化肥	2600	种子和化肥每公顷投入4000元
3	折旧	1085.7	各种农机具投入约80万元，农机折旧按10年计算，残值按原值5%计算，按经营土地总面积70公顷平摊
4	农机修理费	324.8	维修费8000元/台，共维修3台农机，按经营土地总面积70公顷土地平摊
5	土地流转费	3000	与农户签订10年内合同，但流转费用每年商量一次
6	临时用工费	3000	农忙时雇一些临时工
	总计	11410.5	

4.3.2 玉米种植效益分析

玉米平均产量可达到20000斤/公顷。玉米收购价格为0.6元/斤。

（1）40公顷玉米的成本。

种植产量 = 种植面积 × 单位产量 = 40 × 20000 = 800000（斤）

种植成本 = 种植面积 × 单位成本 = 40 × 11410.5 = 456420（元）

（2）旱田的经济效益分析。

总收入 = 总产量 × 价格 = 800000 × 0.6 = 480000（元）

总利润 = 总收入 − 种植成本 = 480000 − 456420 = 22580（元）

4.4 农场的总效益分析

由以上对农场的水田和旱田种植的经济效益分析可知，加上国家对于农业方面的农机补贴、种粮直补、种子补贴等各种补贴收入，该农场每年的收益将会超过100万元。

而实际上，该地区由于受到台风影响，导致水稻田全部被淹，颗粒无收。由于每位农户都购置了农业保险，因此可以拿到每公顷 5000 元的农作物保险补贴，也算是挽回了一部分损失。

2016 年，国家改革调整玉米收储价格。新规定取消了玉米临储政策，实行以市场化方式收购玉米，再加上补贴的新市场机制。"市场定价、价补分离"是新政策的收购原则。以往，国家对农民进行补贴，对市场干预程度过大，连续多年提高玉米最低收购价格，使农民扩大种植面积，导致玉米产量较大。而改革之后，将补贴的部分从市场收购价格中拿出来，单独对农民进行补贴，因此当期玉米市场价格会有所降低，由于人们对于新政策的实施不够适应，使玉米价格大幅度降低。从金镇权场长那里了解到，延边地区玉米价格从 1.2 元/斤，降低到 2015 年的 0.6 元/斤，2016 年更是降低到 0.45/斤。因此，该农场今年的玉米种植毛利润除去各种经营管理成本之后，几乎没有利润。

该农场自建立以来，最近几年发展得很快。而 2016 年，由于涝灾的发生和玉米收购新年政策的实施，使水田损失严重，旱田几乎没有利润。可见，农业这一传统行业的发展受自然环境的影响较大，同时还受到国家宏观经济政策的影响。

5　发展中遇到的问题

图们市昌新水稻专业农场自 2011 年成立以来，已走过 5 个年头，在这 5 年的时间里，农场取得了一定的成绩，社员们年均收入可达 1.5 万元，但目前还存在一些问题。

5.1　缺少专业管理人才

随着该家庭农场经营规模的逐渐扩大，农场的产业化程度加强，因此就需要用现代企业管理的相关理论指导生产。但是，该农场几年来一直主要由金村长经营，金村长虽然有着丰富的实践经验，但由于受教育程度不高，不具备专业的农场管理知识背景以及相关专业技术，主要体现在农场经营生产中的各种资源分配比例不合理、相关种养殖技术问题等。缺少专业管理人才，导致农场的生产经营模式不够优化，这在一定程度上影响了农场的长远发展。

因此，引进专业管理人才对于农场的科学发展尤为重要，通过理论指导生产实践，反过来生产实践中获得的经验又可以总结为理论。同时，加强农场经营人员自身的管理知识积累。

5.2 资金不足

该农场是集种植、加工、销售于一体的专业农场，不仅农场自身种植水稻，还大量收购其他村民种植的水稻，利用投入150多万元的大米加工设备加工具有自主品牌"昌新大米"。无论是农业生产环节、加工环节还是销售环节，都需要大量的资金投入。虽然靠农村土地经营权抵押获得贷款100万元，但仍然不能满足农场发展的需求，资金的不足制约着农场规模的进一步扩大。

进一步扩大抵押物范围，在农村土地经营权抵押贷款的基础上，探索开展订单抵押、农机抵押等创新信贷产品，加大信贷资金投入，才能进一步解决家庭农场规模逐渐扩大遇到的融资难题。

5.3 品牌效应较低

昌新水稻专业农场有着自己的大米品牌，由于没有采取恰当的营销策略，销路没有完全打开，自主大米品牌的效应没有发挥出来。虽然有远销到云南的大米订单，但该农场生产的大米大多还是销售到当地。

因此，在提高产品质量的同时，采取合理的营销策略加大宣传，打造特有的自主大米品牌，充分发挥出自主大米的品牌效应，进行品牌化销售：一方面，自主大米品牌代表着农场的产品质量；另一方面，品牌效应的高低也反映产品市场占有份额的高低，较高的品牌效应自然会带来收益的增加。

5.4 自然灾害突发

由于突发自然灾害的无法避免，因而"靠天吃饭"的农业本身带有较高的风险性。2016年9月，由于台风"狮子山"的影响，地势较为低洼的月晴镇歧新村也遭受巨大损失，水稻大面积倒伏，导致当年作物大量减产。虽然农业保险的补贴弥补了一部分损失,但农场损失严重。

因此,对于政府来说,成立政策性农业保险公司,扩大农业保险的农作物覆盖范围,同时加大自然灾害发生时的补贴力度,引导宣传农业保险投保必要性,这样才能有效减少自然灾害对农民造成的损失。

6 经验借鉴

6.1 因地制宜明确产业方向,充分利用各项优惠政策

一是因地制宜,明确产业发展方向。歧新村位于图们江边,水资源丰富,土壤肥力充足,十分适宜种植水稻。图们市昌新水稻专业农场成立后,因地制宜,利用气候环境优势,大力种植水稻,并用农场本身的大米加工厂进行加工、包装、销售,申请注册了自主大米品牌"谷口"。由于产地环境优美,大米无污染,口感好,因此市场评价也很高。

二是充分利用各项优惠政策。农场成立初期,遇到资金问题。由于农场规模不大,向银行申请贷款时,没有足够的抵押物导致能够贷到的资金额度有限。在延边州出台农村土地经营权抵押贷款政策后,金镇权场长在了解到新政策后,以此为契机,联合村中一些农户,进行土地流转,扩大土地规模,成功申请到100万元农业信贷资金。同时,还拿到每年60%的财政贴息补助等其他优惠政策的补贴。各项优惠政策的出台指明了农场的发展方向,给农场带来了机遇。

6.2 "家庭农场+合作社"农业产业化经营新模式

2009年,故乡农民专业合作社成立,联合60家农户入社合作。合作社成立后,投入70万元资金建设厂房、购买粮食加工设备。

但是,由于农户自身的经营规模小、经营能力弱等缺陷,农户对于合作社的依附并不是很强,因而"农户+合作社"模式下农业生产水平不高。2011年初,在合作社基础上,组建了月晴镇昌新水稻专业农场,"家庭农场+合作社"发展壮

大后，该农场又先后投入 150 多万元用于购买更先进的大米加工设备，成为集种植、加工、销售于一体的农场。通过对农业生产的产业链各环节进行统一管理和集中经营，农场不仅能够获取初级农产品的收益，还能够获取纵向农业产业一体化后农产品加工过程中增值的收益，既增加了各成员的经济收入，又大大提高了组织的稳定性和合作性。目前，农场有 105 户农户，每年的大米加工量可达 1000 吨，社员们的年平均收入可达到 15000 元以上。

"家庭农场+合作社+合作社自办加工厂"这种新的农业生产经营模式，具有家庭经营、规模适度、专业化生产、产业化经营四个显著特点，克服了生产规模小、经营能力不强等小农户生产的弱点，给农场和合作社的成员带来了良好的经济效益。

图 6 故乡农民合作社和昌新水稻专业农场办公室

7 未来发展方向

7.1 运用互联网思维，拓展品牌农产品销路

昌新水稻专业农场具有自主品牌"昌新大米"，其具有延边州大米口感好、

米粒大等特征。农产品销售是昌新水稻专业农场经营链的最后一个环节，同时也是尤为重要的环节。

相比于一些传统销售手段，昌新水稻专业农场将运用互联网中的"电子商务"思维，积极打开农产品销售难的局面，做大做强。这样做的好处有以下两点：

一是互联网让供求信息公开，得以分享，很大程度上降低了流通成本，优化了销售渠道，缩短了流通的时间，实现了生产销售的精准对接。

二是"电子商务"提供大量信息给消费者一方，让消费者知道"产品从哪来、怎样来"，也具有打造品牌农场的效果。尤其，昌新水稻专业农场种植环境是良好、未受污染的，其生态环境可以转化为竞争优势，因而，力推农业精品种植，从而获得更高的经济价值。

据了解，延边州政府 2016 年已经出台相关政策，逐步加强基础网络设施的建设，大力推广农村电商的发展。延边州政府相关部门采取了无偿下发给农户电脑设备、完善网络联通和积极开展电商培训等相关措施。同时，作为家庭农场经营者，也要积极学习相关电子商务的操作知识，或者聘请专业人才，将电子商务运用到农产品销售中。

7.2 建立消费导向产业体系，积极采用订单生产方式

在如今国民消费水平高、消费需求多样化的今天，传统的农业生产体系显得尤为落伍。由于受到多种因素的限制，传统农业生产体系是"我生产什么卖什么、生产多少卖多少"，而今天则更强调的是"消费者需要什么我生产什么、消费者需要多少我生产多少"的消费取向为主导的生产体系。

而订单化生产方式恰恰能满足这一消费取向需求。订单化生产方式指的是，在一年播种之前，消费者（家庭、企业、政府组织等）与农场主签订协议，消费者给农场主报酬，农场主按照消费者指定需求进行农业生产。而该指定需求不仅从农作物品种看出差异化，还可以在种子、施用化肥品种等看出需求差异化。

昌新水稻专业农场主金镇权提到，以后将采取订单化的生产方式。一方面，对于农场主来说，订单化给予了农场主收入保障，减轻农业生产风险，调动了生产积极性；另一方面，对于消费者而言，订单化更满足了他们的消费需求取向。整体来看，订单化生产方式也是一种生产销售的精准对接，减少了商品的流通成

本，使农产品附加价值增加，农民收入提高；另外，消费者又能吃到满意、放心的粮食。

而推动订单化生产的动力主要有两方面：一方面是农场方，另一方面是政府。对于农场方面，积极宣传农场，打造个性化农场品牌，吸引消费者驻足。另外，订单化生产过程中会出现大量潜在问题，例如农业自然灾害风险的责任问题、合同签署问题、订单化生产消费方监管问题等。政府需要研究完善出台相关政策，加强监管，让生产、销售、流通环节畅通无阻。

7.3 "股份制"农场改革

2016 年延边州大部分地区发生水涝灾害，水稻产量大幅度下降，农民财产受到严重损失。"靠天吃饭"这一属性是限制农业发展一大因素，也是挫伤农业生产者积极性的一大问题。

家庭农场是以家庭为生产单位，协调控制管理农业从采购、生产、销售各个环节的经营组织。受制于农场主素质不高，经营过程中方方面面的问题都不能得到完全解决。同时，农业投资资本原本不足，加之自然灾害风险，农场主一旦陷入颗粒无收的局面，则需要很长时间才能走出困境。

昌新水稻专业农场主金镇权正试图改革家庭农场的经营方式，由"一人掌控农场模式"转变为"多人参与共同经营，年底分红模式"，即"股份制"农场模式。具体形式是车队持有（种子、农机设备、劳动力）20%、技术人员持有15%、老百姓持有（土地流转）30%、管理者持有（职业经理）5%、化肥农药（先由农场主负担）持有 15%，农场主持有 15%，年底按照所持股份进行分红。

暂且不论这种模式是否能在以后实施开来，但从目前看，这样做的优势是明显的：

第一，风险分散，农场经营的高风险率对于个人而言，大幅度减小。收入有了一定的保障，损失幅度减小。

第二，农场经营分工化更加明确，生产效率会得到提高，产量上升。

第三，因为持股人联合经营，年底分红总量分配到自己身上的利润与自己的生产过程息息相关，调动了各个生产者在各个生产环节的积极性。

总体来看，"股份制"农场设想是美好的，也是昌新水稻专业农场改革的一个方向。但是，具体实施起来也会遇到许多现实问题，首先，相比于股份制公司，股东更多的是以资金入股，有专门人员进行经营管理。而"股份制"农场带有多人共同经营的意味，更像是合伙企业，其内部的管理成本更高。另外，延边州地区劳动力大量外流，是否有人参与共同经营也是一大问题。

参考文献

[1] 李思宇. 这里大米独好 [EB/OL]. http：//www.hybrb.com/ybrbmobile/show/news_show.php? idx=100525.

[2] 金红兰，藤科智海，小沢亘. 延辺地域における「專業農場」の発展過程と展開方向—図們市 Y 鎮のYR 農場·CX 農場を事例として [J]. 農村経済研究，2014，32（1）：95–104.

[3] 金红兰，尹东华，金龙勋. 农业六次产业化的发展过程与方向——以吉林省延边朝鲜族自治州 A 与 B 农业经营组织经营者调查为例 [J]. 延边大学农学学报，2016（2）.

讨论题

（1）案例中的家庭农场的组织形式是怎样的？它与传统的农业生产经营组织有什么区别？

（2）该农场的生产经营有着怎样的产业链？提供了哪些产品和服务？

（3）你认为案例中的家庭农场在未来发展中应该注意什么？有什么建议？

（钟晓辉、林莉丽、陈纪翔、蒋壮）

吉林省延边州龙井市"桃源情"生态休闲家庭农场的发展

案例概要:龙井市生态休闲家庭农场作为新型农业经营主体,其发展模式区别于一般家庭农场。其中,生态循环农业生产方式与产业链结合,降低生产成本,提高家庭农场的经济效益。另外,桃源情家庭农场在未来五年将规划发展融入民俗特色打造种植、旅游、购物、娱乐于一体的经营模式,扩大经营范围,联动一、二、三即种植、加工、旅游、服务等产业共同发展,打造"桃源情"朝族特色家庭农场品牌。

案例主题词:家庭农场;新型经营主体培育;休闲农业;农村产业融合;生物循环农业

1 农场简介

1.1 基本情况

龙井市桃源情生态休闲家庭农场位于吉林延边州龙井市老头沟镇桃源村七组,于 2015 年 1 月 26 日完成注册,并已经注册"桃源情"商标(注册号:16310797)农场负责人为金美花。

农场经营范围除种植农产品作物与养殖外,还提供住宿、餐饮、购物等服务。其中土地经营面积 140 公顷左右,旱田为 29 公顷,水田为 13 公顷,山地林达到 100 公顷。另外,依托桃源村周边优美的生态环境,农场抓住其生态外部优秀，积极发展旅游业。

目前，农场经营良好，且处于发展阶段，农场主金美花表示：计划在 5 年内完成项目设施建设，发展成集种植、养殖、农产品加工、旅游于一体的大型综合农场。

桃源村位于龙井市西北地区，东南隔图们江，地形多为山体，自然资源种类繁多。重要的是，其依山傍水的生态环境吸引了大批游客前来观光旅游。另外，桃源村规模较小，村庄户籍上只有 24 户，约 90 人。但实际上，大多数村民外出务工，在村实际人口很少。

通过土地流转，农场主金美花投资扩大土地经营面积，注册种养殖型农场，初期农场效益颇丰。近几年，陆续有游客向往桃源村观光、垂钓、攀岩、登山，游客的吃住需求巨大。遂金美花决定扩展农场经营范围，打造生态休闲农场。

图 1 "桃源情"注册商标

1.2 发展背景

一是国家自 2013 年到 2016 年，"一号文件"都有提到支持新型农业经营方式家庭农场的发展。另外，在 2016 年中央"一号文件"提出，大力发展休闲农业和乡村旅游的建设。依托农村绿水青山、田园风光、乡土文化等资源，大力发展休闲度假、旅游观光、养生养老、创业农业、农耕体验、乡村手工艺等，使之成为繁荣农村、富裕农村的新型产业支柱。桃源情生态休闲家庭农场符合以上两点国家重点提倡的发展方向，借助政府资助、补贴优势，发展前景良好。

二是桃园情生态休闲家庭农场在土地经营规模方面，基本承包了桃源村所有农业土地。农场的发展一定程度上带动着桃源村的发展，其发展后的经济效益、生态效益、社会效益对当地的村民具有正效应的作用。

2 经营状况

2.1 土地规模

桃源情农场经营旱地面积达到 29 公顷，水田达到 13 公顷，山林地为 100 公顷左右。其中，金场长自有耕地面积为 10 公顷，其他耕地均通过土地流转得来。

在旱地和水田方面，金场长仅以 200~400 元/公顷价格购买土地使用权，得益于其近几年为桃源村所做的实事。

近两年来，金场长为村修路、盖房、建设各种与人们生活息息相关的基础设施。可以看出，金场长不仅是在为自己谋利益，更是为村民造福祉。山林地方面，村民也都是无偿转给金场长，交由其打理。

2.2 农场经营范围

首先，种植方面，桃源情农场呈现种植品类多，重点作物多种，其他作物配合种植的特点。单看旱地方面，共计 29 公顷，有笨玉米、黏玉米、黏高粱、红豆、蔬菜、水果等农作物。其中，笨玉米和黏玉米累计种植面积达到 20 公顷。在水田方面，则全部用于水稻种植。山林地则栽育多种树木，有红松、黑松、落叶松、杂木以及果树。红松现有 10000 棵左右，果树 200 棵左右，主要种植苹果梨、香水梨、桃子等。目前只有水果和蔬菜尚未正式出售，主要用于游客采摘。

其次，养殖方面，养殖的主要品种有黄牛和鸡。其中，黄牛 10 头，鸡的数量达到 1 万~2 万只。黄牛养殖以山上放养为主，主食青草与糠碎米子。在鸡养殖方面，农场建有饲养场，购有孵化机，养殖以土鸡为主，并且配合孵化，持续发展。养殖的鸡进行深加工，生产肉类制品、蛋类制品、乳类制品等。

其中，主要作物的玉米产量达到 13000~14000 斤/公顷，水稻可以达到

15000~18000 斤/公顷。

2.3 农场设施情况（如表 1 所示）

表 1 农场设施情况

项目	类型	数量/面积
农机具	四轮子机	2
	播种机	1
	耙地机	1
屋舍建设	鸡鸭鹅养殖场	900 平方米
	大棚	450 平方米
其他设备	孵化机	4

桃源情农场除大型收割机外，其他机械基本具备。在播种季节，农场进行全机械化操作，进行水稻与玉米等作物的播种。在收获季节，金场长租赁机械进行收割。之所以机械化的程度高，是因为桃源情农场具有很大规模的经营土地面积，以及农场负担不了高昂的人工成本。

3 经验教训

3.1 成功经验

第一，积极推动当地土地流转工作的进行促进规模经营。由于桃源村的当地村民大多选择出国打工以补贴家用，从而村里荒废了大量的限制土地。而村子里留下的孤寡老人由于缺少劳动能力，金美花场长看准了这个时机，在村里劳动力大量外流的同时，几乎流转了桃源村七组全部的土地，其中旱田 29 亩，水田 14 亩，这些土地均以较低的价格从农民手中流转得到每公顷土地在 200~400 元。此外当地居民大多缺少森林的保护意识，金美花场长看出了当地林业所蕴含的生态与经济价值，因此她收购了村里大多数的林地，这些林地的价格十分低廉，有些山林地村民直接送给了金场长，她利用这种方式收购了当地 110 公顷的山林地。

通过这种低成本的土地流转，使之前分散的土地连成了片，方便了家庭农场进行大规模的机械化作业，从而大幅度地提高了农场的生产经营效益，降低了成本。

此外之前收购的大面积山林地，部分被开发成果园，大部分保留了原貌。因此可以开发为旅游产业。由于当地特殊的山林地貌，已经有数家攀岩俱乐部联系合作。另外，每到节假日城里人到老头沟野炊，随着旅游业的发展也提高了农场的收益。

金场长看准了推动土地流转的时机，对当地土地的保护，以较低的价格流转到这么多的土地。也正是这些土地。大大地降低了家庭农场生产经营的效率，提高了生产经营的收益。

第二，重视发展生态农业生产模式。桃源情农场经营既包括种植业又包括养殖业，其中养殖的主要有鸡、鸭和延边黄牛，种植的主要以玉米和水稻为主，其次还种植一部分的蔬菜和水果。农场首先会收集饲养的鸡、鸭、牛的粪便，作为农家肥用在种植的过程中，此外农场会把水稻、玉米加工后的糠和碎米收集起来，用于喂养鸡、鸭、牛。另外，这些家畜全部采用散养的模式，这样就能降低土地中部分害虫的量，并且使土地变得松软，有利于耕种。通过这种循环的模式降低了饲养成本，提高了所饲养出来的家畜品质，同时降低了种植过程中化肥、农药的使用量，使种植作物变得更为绿色健康。

详细来说，首先，发展"水旱田林地—禽畜"共作生态循环农业模式。该模式的特色是尊重资源循环利用，减少施用农药、化肥，玉米地、稻田和林地分别为鸡、鸭和黄牛提供了广阔舒适的活动场所。田地里的害虫、碎米、浮游生物、杂草等，不仅能为鸡鸭黄牛提供丰富的饲料，而且还会减少对树木、玉米、水稻等农作物生育的危害；玉米、稻米的茎叶为鸡鸭提供了遮光避敌的栖息场所，鸡鸭在田间踩踏起着除草和疏松表土的作用；鸡、鸭、黄牛的粪便以及鸭换下的羽毛还田后又有着施肥的作用。因而，"水旱田林地—禽畜"共作的农业循环模式，可以降低种植成本，生产优质无公害的玉米和稻米，保护林地，饲养肉质鲜美、售价较高的野生化的鸡、鸭、黄牛，从而实现可持续种养。

该模式改变了传统依靠化肥、农药种植玉米、水稻的单一模式，调整为"玉米+鸡、水稻+鸭、林地+黄牛"多物种、多类型的种养模式。"水旱田林地—禽畜"共作模式促进农牧结合、种养循环,将畜禽养殖废弃物资源化利用,形成自然生态和人为干预相结合的复合生态系统。

同时,发展秸秆还田生态循环模式。秸秆还田,秸秆自身含有一定养分和纤维素、半纤维素、木质素、蛋白质和灰分元素,既有较多的有机质,又有氮、磷、钾等营养元素,为土壤微生物增添了大量能源物质。各类微生物数量和酶活性的增加既可以改良土壤,又可以有效增加土壤有机质含量。

目前,科学认同的还田方式是通过地面覆盖和机械化直接翻压方式将秸秆堆肥或粉碎还田。这样不仅可以蓄水保墒、培肥地力,还可以节约成本、提高农作物产量,达到改善生态环境的目的。实现了废弃物的再利用,节约了资源,又可避免焚烧秸秆造成的环境污染等问题,实现标准化、清洁化生产的目标。这样不仅可以提高农业综合能力,还可以促进农业产业结构调整,从而达到增加农民收入的目的。

其次,实现农副产品综合利用。回收粮食加工过程中的废料,糠、碎米子,直接喂养禽类、肉牛,既能减少加工费用,又减少饲料消耗,变废为宝,提高资源利用率,降低养殖成本。

另外,还可以用菜地里的一些菜叶喂鸡,残落的烂叶养蚯蚓,用蚯蚓喂鸡,同样减少饲料消耗,降低养殖成本。

牲畜粪便和粮食加工过程中的废料除制造有机化肥外,还可以建造沼气池用来节约农村能源,用沼气可烧水、做饭、照明、取暖、洗澡。还可以改善农村卫生条件、促进养殖业发展、提高肥效、改良土壤等,但沼气是气体的混合物,其中含甲烷55%~70%,此外还含有二氧化碳、硫化氢、氮气和一氧化碳等。当空气中甲烷的含量达到25%~30%时,人会头痛、头晕、乏力、注意力不集中、呼吸和心跳加速,若不及时远离,可致窒息死亡。所以建造时应选好地址,做好防护措施。

除了采用较为生态循环的生产模式,金场长还特别注重当地环境的保护,对自己所承包的上百公顷的林地绝不过度开发。曾有不少企业联系金场长,希望进行沙土业和人参种植业的开发,这些项目每年都能带来上百万元的产值,但考虑到这些产业对当地环境的破坏程度巨大,都被金场长拒绝了。

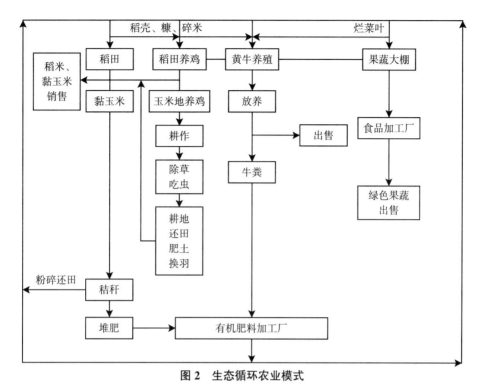

图2　生态循环农业模式

第三，延长产业链，创造农产品附加价值。形成了种植—加工—销售，第一、二产业融合发展的产业链模式。这里有必要详细阐述桃源情农场的产业链模式，首先，农场经过前期的种植、施肥、施药等农业生产收获后，一部分用以销售，另外一部分用作精细深加工。同时，农场已经注册"桃源情"商标，其下产品有大米、蘑菇、面粉等以及各种去壳谷物。桃源情农场直接将精加工的农业商品出售给消费者，减少了商品的流通成本，附加价值也得到相应的增加。

其次，产业链配套生态循环农业生产方式，相互结合、相互支持，配套发展。一方面，生态循环农业适当地延长了产业链，如肥料加工、秸秆回收等环节；另一方面，产业链也对生态循环农业提出了硬性的要求。

3.2　需改进之处

3.2.1　基础设施建设尚未完善

由于该项目是农户自营的于2015年1月注册的家庭农场，发展的时间比较短，而该村也处于尚未开发阶段，因此，该农场发展遇到的最大问题是村内的基础设施建设问题：

第一，该村的道路交通状况落后。该农场的位置在龙井市老头沟镇桃源村七组，四面环山，地理位置较为偏僻，是典型的以山林地为主要地形的地区。村庄内部多为土路，再加上河流分布不均匀，导致每到雨季来临时，河水水位上涨，甚至漫上原本就崎岖的道路，造成泥泞、坑洼，给当地村民出行带来极大的不便。有一条依山而建的行车路，一旁的山体极易落石，另一旁的河流在雨水季节就会淹没道路。目前该农场已自费 30 多万元修建 3000 多米土路，但经过两年的风吹日晒，已经变得崎岖不平，影响正常出行。

第二，该村的饮水、排水系统不完善。桃源村的生活用水和农业用水主要来自地表河流和地下水。住房的自来水水管道已经初步建立，但规模有限，还不足以支持旅游业用水，可增铺自来水管道，安装热水设施，方便游客日常用水。地下排水系统尚未铺设，生活污水任意倾倒，农田的灌溉用水混杂着农药、化肥汇入河流，污染当地水源。桃源村夏季多雨，雨季河流暴涨，对农业生产和交通出行都造成严重阻碍，因此应加大治水、排水力度，完善排水设施的建设，为后续发展做长远打算。

第三，该村电力设施尚未完善。由于该村村民大多去韩国打工，多年不回村中居住，房屋经过多年风吹日晒雨打，未经修整，所以村内房屋危房居多。由于准备对危房进行民宿改造，虽然每个房间都有通电，但并没有系统的配电系统、合适的配电方式。因此，配备完善的电力系统，合适的配电路线也是有必要的。

3.2.2 生态环境污染较为严重

桃源村的土地曾经外包给企业，这些外来企业开采资源，乱采滥挖，导致土地资源、矿产资源遭到破坏。承包土地的企业没有对当地自然资源进行合理规划和开发，导致原本完整的土地被破坏，给当地生态环境造成了巨大损失。虽桃源村村民协力多年治理，情况已有所好转，但是仍然不能完全修复至破坏前的样子。同时，由于经常有自驾游客到此野餐，会产生一些垃圾，不能及时清理。另外，农业生产、养殖产生的一些农药、化肥污染水体，导致环境恶化。

4 存在的问题

虽然桃源情家庭农场的发展良好,但其中依然存在着一些问题值得我们反思。

4.1 资金来源较为单一致使发展速度受到阻碍

由于该农场处于发展初期,需要建设的内容比较多。因此,前期的资金投入需求也比较大。建设内容包括建立速冻玉米加工厂、有机蔬果采摘园、基础社会建设、危房改造成民宿、环境治理等,粗略估计资金需求量为 1500 万元。而目前业主自筹资金为 43.7 万元,资金存在巨大缺口,资金不足问题制约着桃源村农场的进一步发展。因此,需要建立多方面的融资渠道。通过自筹资、政府资金支持、招商引资、申请贷款等解决融资问题。

另外,通过调研我们发现,近年来对于农场建设的投入多来自于金场长家庭的自主性投入,很少有社会资本和政府政策资金的投入,主要原因有两点:一是担心当地的土地与自然环境由于外来资本的投入开发遭到破坏;二是金场长担心由于外来资本的投入会导致自己失去农场的自主经营权。但也正是由于缺少资本的投入,导致农场的基础设施以及机械厂房的建设力度较弱,发展速度较慢。

4.2 缺少相关专业的管理人才

通过实地的调研我们发现,当地农场的管理人才只有金场长夫妇二人,他们要考虑土地的种植养殖农场的规划资金的再投入与分配等一系列问题。另外,由于农场的规模较大,因此管理起来效率低下。近几年来,随着国家推动劳动力的大量转移导致农村的大量人口转移到城市,但转移的这部分人口大多是青壮年的劳动力,或者具有一定专业知识的人才,这造成了家庭农场的发展缺少高素质人才。

家庭农场应投入部分资金专门用于专业人才队伍的建设过程。此外,多联系政府、高校进行专业人才输送等的项目，只有吸引了足够的专业人才，才能提高农场的办事效率，帮助农场得到发展。

5 未来发展方向

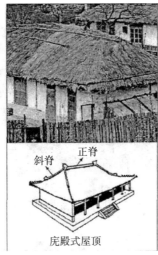

图3 朝鲜族民宅样式

资料来源：闫超，延边朝鲜族传统民居特征及发展趋势研究。

5.1 打造朝鲜族特色观景村

第一，朝鲜族民宿建设与危房改造同步进行。龙井市桃源情生态休闲家庭农场先前已经联系美术专业学生依照朝族童话故事，以民族特色为主题装修房屋。与酒店的豪华相比，民宿的装修肯定相形见绌。无论是从交通便利、人文体验，还是性价比来说，乡村民宿的建设更加符合当代年轻人的旅游观念。

第二，景区道路与乡村道路桥梁建设。延边州自从进入"高铁时代"后，不仅旅客的出行时间极大地被缩短，还结束了延边州部分地区多年没有客运列车的历史，为延边州带来了大量的客流量。由此可见，道路建设对于地区发展的重要性。桃源村地理位置较为偏僻，四面环山，原有道路质量老化，跨河桥梁质量也令人堪忧，曾发生无护栏行人落水事件。由此可见，加强对景区道路、乡村道路桥梁的建设，使龙井桃源村交通便利、消除安全隐患，才能吸引游客游玩、提高游客观光体验。

第三，完善绿化建设。借鉴国内外成功的绿化建设，邀请专业人士，针对桃源村自身拥有的气候、土壤条件因地制宜提出一套适合桃源村的绿化方案。绿化建设对于农村创造舒适优美的生产生活环境、调节周边小气候、净化空气具有重要作用。此外，绿化还可以生产木材、果品、花卉等产生经济效益。农村绿化建设作为改变农村整体面貌、改善人居环境、提高农民生活质量的一项重要工程，也是社会主义新农村建设的重要组成部分，将对社会发展起到重要推动作用。

第四，用水设施建设。桃源村的生活用水和农业用水主要来自地表河流和地下水。虽然住房用的自来水管道已经初步建立，但无法满足旅游用水需求。在后期用水建设中，增设自来水管道、安装热水设施方便旅客用水。农场种植用水方面，结合当地的地形地貌，科学规划，减少管道长度，安装自动喷水装置，定时自动灌溉，有助于节省成本。

第五，通信设备建设。21 世纪作为信息化时代，各行各业都在朝着信息化方向迅速发展。农业作为国民经济的基础产业，自然也不能落后。通信技术的发展极大地改变了农业的发展和改革模式，是作为农村经济腾飞的重要保证。当今社会外出旅游，随手拍几张照片发布到社交软件上，晒晒旅途中的吃喝玩乐，已经成为中国人的习惯。大多数出门旅游的人，进屋先问 Wifi 密码已成习惯。桃源情生态休闲家庭农场在这方面要顺应旅游业发展的潮流，发展农村通信网络也应成为必要课题。

5.2 融入打造种植、旅游、购物、娱乐于一体的经营模式

吉图珲快递铁路客运专线通车后，大幅度缩短了延边与周边地区城际间的距离，游客可以随着心意利用每周的双休日到延边州旅游：

第一，种植方面，龙井市桃源情生态休闲家庭农场在将企业定位拓展至旅游业以前，是一家从事加工生产的家庭农场。具有旱田 29 公顷、水田 20~30 公顷、山林地 100 公顷左右。另经营鱼塘、果蔬大棚。水旱田种植的种类主要有笨玉米、黏高粱、红豆、水稻、黏玉米；山林地主要种植红松、黑松、落叶松、杂木

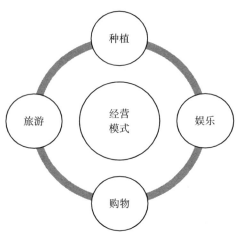

图 4　桃源情生态休闲家庭农场经营模式

以及果树。目前的蔬菜水果多为自家食用，正计划做成有机蔬果，供游客采摘。将黏玉米做成速冻玉米，延长销售的周期，避开市场高峰提高价格。当地农场有食品加工厂，还可以追加建设包装、秸秆饲料处理车间，达到农作物的彻底利用，增加农产品的附加值。

第二，旅游方面，经济发展新常态下，无论什么行业都需要转型升级，旅游产业也不再是传统的休闲服务业，要在传统旅游业的基础上使更多的元素与文化、经济等相关联，以达到促进旅游产业的发展目的。

龙井市位于中朝边境，很多人都向往边境风光，桃源村四面环山的地理位置，打造旅游观景台，可以让人们领略到不一样的风景。

可以开设一家单车租赁店，店内出租摩托车、电瓶车、ATV、单双人自行车等。可以根据出游人数、类型的不同提供多种服务。并且要在车上安装 GPS 定位系统，这样既可以对车辆进行统一管理，也可以为游客提供指路功能，并为他们的安全提供保障。

第三，娱乐方面除传统的休闲农业项目体验（垂钓、采摘、登山）外，还可以根据季节不同安排不同项目，春季提供水田插秧、夏季提供泥塘娱乐、秋季提供收割机器进行操作指导体验收割乐趣。桃源村是一个朝鲜族村，朝鲜族文化丰富多样，除观赏农乐舞、朝鲜族民乐、传统音乐等传统文化展示外，还可以参与手工艺品、朝鲜族传统食物的制作。吃的方面除了朝鲜族传统美食（泡菜、打糕、冷面）外还可以提供东北菜（猪肉炖粉条、蚂蚁上树、杀猪菜）、户外烧烤

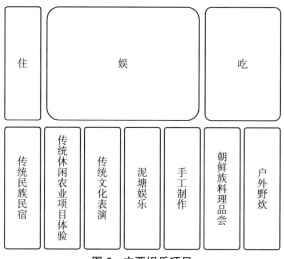

图5 主要娱乐项目

等。住的方面设立分级化消费住宿，分为豪华间、特色风俗间、标准间等，根据消费者消费水平和取向来提供不同的选择。打造朝鲜族特色民宿，房屋外部请设计师设计带有明显朝鲜族特色的图画，内部结构在原有民族特色的格局上加入现代科技元素，给客人营造舒适的感觉。

第四，购物方面，桃源情生态休闲家庭农场通过自有的食品加工厂加工速冻黏玉米出售。朝鲜族特色美食如辣白菜、打糕、现压冷面等进行真空包装进行出售。延边州地区由于在土壤、气候、水源上的优势，大米品质优良，食味上佳，其粒形整齐、色泽莹白、透明度强、软硬适中、黏性适度，做出的米饭油润可口。很多来延边地区旅游的人都会购买一些带回去。

参考文献

[1] 陈益文. 浅谈村屯绿化的现状及发展前景 [J]. 科学与财富，2016 (7).

[2] 徐元元. 新农村绿化需注意的问题 [J]. 现代农业科技，2008 (5).

[3] 侯树波. 城乡居民用电市场特点浅析 [J]. 科技风，2009 (21).

[4] 许德海，禹盛苗. 无公害高效益稻鸭共育新技术 [J]. 中国稻米，2002，8 (3).

[5] 陈洪礼，蔡建华. 盐稻9号稻鸭共作技术应用初探 [J]. 农业与技术，2006，26 (5).

[6] 佚名. 农业部拟建300个区域生态循环农业项目 [J]. 江西畜牧兽医杂志，2016 (5).

[7] 秦德斌. 农作物秸秆还田的分析 [J]. 农技服务，2013，30 (11).

[8] 王应，袁建国. 秸秆还田对农田土壤有机质提升的探索研究 [J]. 山西农业大学学报自然科学版，2007，27 (6).

[9] 佚名. 危险化学品安全卫生数据介绍——甲烷 [J]. 安全、健康和环境，2004，4 (1).

讨论题

(1) 试简要说明生态循环农业发展模式。

(2) 桃源情生态休闲农场的营利模式或者核心竞争力是什么？（提示：产业链和生态循环农业生产模式）

(3) 关于桃源情生态休闲农场的未来发展方向，你觉得有哪些值得注意的地方或者好的建议？

(陈纪翔、蒋壮、钟晓辉、林莉丽及部分卓越班学生)

辽宁省盘锦市大洼县认养农业模式

案例概要: 随着农业供给侧结构性改革的深入推进,很多地区创新经营方式,积极调整农业生产结构,开拓市场、创新经营方式,获得了巨大成功,辽宁省盘锦市大洼县的认养农业就是一个突出典型。盘锦水稻盛名全国,其突出特征即为"稻鸭共作"模式,而近年来,他们又积极开展稻田认养实践、在"私人定制"订单农业上收获颇丰,进展很大,受到了追求食品安全健康的消费者的追捧。他们改变了传统的水稻种植模式,坚持走个性化、生态化路线,安全化、互联网化路线,不仅盘活了盘锦水稻行业,也为当地农户带来丰厚回报。同时,认养农业的产生和发展也促进了民俗旅游的兴起,极大地改善了当地的经济效益和生态效益。

案例主题词: "互联网+";认养农业;休闲农业;订单农业;农村产业融合

1 认养农业发展历程

1.1 认养农业发起背景

大洼县拥有优良的农业基础条件,土壤肥沃,交通便利,因此使盘锦大米闻名天下。但如何将农业资源优势变为经济优势,一直是县委、县政府思考的重点。得益于盘锦市开展的 2014 年的宜居乡村建设,造就了现代农业发展的基础。此后,大洼县又不断地转变农业发展方式,进行了一系列的改革和创新。与此同时,由于近年来食品安全事故频出,市场上农产品品牌众多,质量良莠不齐,消费者难以选到新鲜、纯正、健康的食材。基于当前的政策和市场环境，2015 年大洼县相关领导人高瞻远瞩，在全国率先提出认养农业模式。这是进一步发展了农业创新发展理念，不再片面追求数量，而是改造传统农业使其真正走上了差异化、精致化的发展道路。认养农业政策下达后，大洼县政府立即招商引资，吸引公司投资运营，2016 年大洼县新立农场重建国有农业企业盘锦康禾生态农业有限公司。目前农业发展模式采用"政府+公司+农户"的形式，"政府主导、市场运作以及群众参与"的方式将原来一家一户小农经营集聚为专业化、组织化及规模化的新型农业发展主体。

1.2 认养农业项目简介

认养农业是一种风险共担、收益共享的生产方式，它始于生产者和消费者之间订立的契约合同，消费者提前预付生产费用，生产者根据契约为消费者提供绿色、健康、安全的有机食品。实现农村对城市、土地对餐桌的直接对接，建立起生产者和消费者平等、互助、合作的关系，是一种新型的农业生产和销售的模式。稻田认养方式灵活，分为自主认养、托管认养和混合认养。[①]

自主认养，即认养客户预先支付全年的土地租金，并和经营主体签订认养协议。认养后按照自己的需求和喜好进行种养，并全程参与生产全过程。

而托管认养，认养客户预先支付全部费用，经营主体则按照消费者需求负责对认养地块进行全程管理，生产出健康的农产品并配送给认养成员。生产者和消费者之间共同承担风险。托管期间，认养人可不定期选择参与自己感兴趣的劳动体系环节，亲自体验农耕乐趣并监督生产。

混合认养，认养客户预付全年的租金和农资费用，在生产过程中，认养客户自己承担部分生产环节，经营主体可按照当地的用工标准给消费者劳务费或者赠送相应价值的农产品。

认养基地可以为客户提供各种丰富的附加服务，如农田可视化观测、产品二维码全程溯源、有限次免费仓储、个性化定制包装、随时配送、多余粮食分享等。

[①] 转引自盘锦市认养农业管理办法（试行）。

图 1　水稻稀植栽培

图 2　人工除草

图 3　先进的加工设备，按需打磨

　　认养农业的组织形式为公司化运作，改变传统农业组织形式。这为大洼县的农业发展带来了以下影响：

　　一是标准化种植，改变传统农业生产方式。提高农业生产技术性水平，以农业专家联合小组为核心，提高先进的科学技术和成熟的经验转化为现实生产力的能力，令其标准化、规模化，涵盖到认养农业生产的产前、产中、产后各环节，

图 4　全年 12 次配送

提高认养农业的科技含量和科技带动水平。

二是消费者选择更加自由，改变了传统农业销售模式。认养客户根据个人喜好、细致的调研最终确定所需的产品品种，生产者再根据客户的意愿定向生产，客户通过实时画面进行监督，收货后，全部输送到客户指定地点，形成高度融合的订单农业体系。

三是拓宽农业推广途径，改变传统农业营销手段。消费者得到认养农业的相关信息后，可以直接到认养基地现场参观洽谈，也可以到各大认养企业在北京、上海、鄂尔多斯等地建立的线下体验店参观体验，还可以在淘宝旗舰、京东商城等网上商城同客服人员沟通商议。

1.3　认养农业基地——以新立农场为例

新立镇位于盘锦市大洼县东北部，与市区毗邻，区域面积 60 平方千米，辖 7 个行政村，总户数 6200 户，人口 17287 人，耕地面积 4.65 万亩。[1] 新立农场始于 1983 年家庭联产承包责任制落实后，兴办的这一国有农场。自 2015 年以来，新立农场在大洼县政府按照农业发展政策模式的转变，开始积极探索发展认养农业，经过创新和发展，其稻田认养模式逐渐受到客户的普遍认可，农场职工得益于效益的提升，收入增加，其参与性也水涨船高。随着这一模式正在变得越来越成熟，更为深入的认养模式被农场提出来，其消费群体已不仅仅

---

① 王福晗. 国营农场改革路径探究——以辽宁省盘锦市大洼县为例 [J]. 农场经济管理，2015 (12)：14-17.

只有消费能力较强的大城市高端客户人群，也涵盖到普普通通的市民和小型企业、公司。

早在 2015 年认养农业被提出来后，新立农场快马加鞭，注册成立了附属农业公司，负责认养项目的考察、宣传、策划和推广，以先驱者的身份打开市场。2015 年，新立农场认养水稻 1700 亩，这一时期，认养人主要局限于附近盘锦市的城镇居民和大城市的实力企事业单位如北京、沈阳等。2016 年，为了实现更远大的效益，农场又重新组建了国有公司暨盘锦康禾生态农业有限公司，其公司认养农业基地一部——新立米蔬认养基地是全国首创认养基地，也是全国首家采用"互联网+认养农业"模式推广稻米认养模式的国有企业。新公司随着规模扩大扩张了管理层，大胆起用了许多有学历、有技术、有创业热情的年轻干部，在宣传理念、营销策略、产品包装、物流管理和客户服务等方面全方位提升。目前该基地拥有省、市、县农业技术专家团队 20 余人，管理团队 33 人，在职员工100 余人，专属恒温粮库 20000 余平方米，拥有先进的加工设备，全程独立加工，能够有效地实现农产品从田间地头到客户餐桌的零环节直供。在这种背景下，基地认养农业取得了突飞猛进的进步，认养面积超过 1 万亩，其中托管认养和自主认养分别各占 5000 亩，共有 920 户职工受益于此，认养客户从之前两三个省份扩张到了全国近 20 个省份。

认养稻田最低从 1 亩起，认养人被公司形象地尊称为"庄主"。这 1 亩地可年产大米 400~500 斤，可以满足一个 3 口之家一年的粮食所需。水稻收获加工后按照客户需要定制包装，而客户没有特殊要求的，便统一包装，每年为认养客户提供 12 次免费送货上门服务，平均每月一次，配送全程实行冷链仓储，确保客户天天吃新米。

表 1 公司认养价格

生态水稻托管认养	5500 元/亩	生态水稻自主认养	1100 元/亩
生态果蔬托管认养	2000 元/分	生态果蔬自主认养	1000 元/分

资料来源：康禾生态农业有限公司官网。

公司作为认养农业的开拓者，立志于国人吃上放心健康的农产品。提出了"做产业、做标准、做良心品"的发展理念。远离化肥、农药、激素饲料、食品添加剂、转基因种子；采用生态古法种植、结合远程视频和现代恒温仓储物流技术，真正实现零化肥、零农残、零添加、零距离、零环节直供。

1.4 政府对认养农业运行管理办法

按照《盘锦市关于加快推进认养农业发展的实施意见》等文件的相关精神，要更好地支持、引导全市认养农业健康发展，规范认养农业经营行为，实现农业增效、农民增收和农村发展，建设资源节约型、环境友好型生态农业，推动城乡统筹发展。

市级农业主管部门统筹组织认养活动，负责协调各县区、经济区各部门的认养活动，指导监管各县区、经济区的认养工作。各县区、经济区农业主管部门负责本辖区内认养活动的组织协调，指导监管认养工作。县级以下人民政府农业行政主管部门要加强认养农业基本建设规划、经营主体的管理，提高认养农业管理水平。

发展认养农业的经营主体在认养当地镇政府备案（经营主体基本情况、面积、位置、生产规模、经营状况、收支记录等）。镇政府报至县级农业部门备案，县级农业部门报至市级农业部门备案。

对开展认养农业工作的经营主体，在农业技能培训、科技示范、农业项目资助等方面，各级农业部门给予便利条件；在土地承包经营权流转，开展抵押及担保等试点工作中提供优先服务。

鼓励经营主体积极发展认养农业，符合以下条件的经营主体可以申报财政补贴：

（1）从事水稻认养的面积在300亩以上，从事经济作物（蔬菜、水果）认养的面积在50亩以上。认养面积除自有承包耕地外，所有流转土地要有规范的土地流转合同。认养农业土地应当相对集中连片。

（2）具有与认养土地规模经营相适应的生产基础、配套设施、农业机械设备。

（3）具备完善的台账制度、网络监控、物联网等信息平台。

（4）经营主体能够利用互联网学习现代农业科技知识和开展网上营销，不断提高生产经营水平。

（5）有健全的安全生产控制措施，并实现生产和销售记录在档案中。

（6）有相应的专业技术和管理人员。

市政府部门对认养面积达到补贴标准的经营主体每亩一次性补助 40 元，用于支持认养农业基础设施建设。[①]

1.5　盘锦市大洼县认养农业发展成果

2016 年 7 月 8 日，盘锦市大洼县成功获评国家农村产业融合发展试点示范县（区）。

得益于大洼县在任领导的高瞻远瞩、深谋远虑，目前总共已累计实现近 8 万亩稻田的认养，认养客户来自全国 24 个省（区）市，每年来访客户逾 3 万人。目前已注册了"认臻"和"认养小二"两大自主战略品牌，大型种植基地 5 处已建成并投入使用、客户专属仓储库规模达 5.6 万平方米。2016 年，大洼县制订计划，目标是实现认养稻田 15 万亩，产值增长至 7 亿元，吸引游客来大洼观光旅游 30 万人次，为合作代理商、广告商带来 1.5 亿元的经济利益。

2　盘锦市大洼县认养农业发展现状

2.1　率先采用"互联网+认养农业"模式实践

2015 年，盘锦市大洼县在全国率先提出"互联网+认养农业"的农业模式，通过互联网技术与认养农业的游记结合，销售以盘锦大米为主要代表的农产品，为消费者提供安全放心的盘锦大米。

"互联网+农业"指的是在传统农业产业中利用互联网技术，对农业生产、加工、销售、流通、金融服务各个环节进行改造、优化、升级的过程，重构农业产业结构，提高生产效率，将传统农业转变为高效、现代的生产方式。"互联网+农业"中的"+"，并非两者简单的直接相连，而是以互联网平台和通信技术为基

[①] 转引自盘锦市认养农业管理办法（试行）。

础，把传统农业与互联网技术进行深度融合，包括合理配置生产要素、优化人力物力资金的投入等，利用互联网促进农业智能化发展，促进农产品升级换代，促进农产品品牌价值的提升，保证销路的稳定，提高生产效率，推动农业生产和经营方式革命性变革，以创新驱动方式打造农业生产的新业态。①

在盘锦市认养农业的实践过程中运用了"互联网+农业"两个模式：一是在生产领域的智慧农业模式，盘锦市认养农业运用了物联网技术，实现农业的精确生产，使劳动力、生产资料、土地资源等各种要素在时间、空间上精确分配，以获取最大化的收益；二是在农产品流通领域的互联网深度营销电商模式，盘锦市认养农业采用订单农业，精准营销，深刻改变传统的农产品流通模式，解决了农产品销路问题。

同时，盘锦市认养农业还构建了农产品质量安全追溯体系，鼓励企业充分利用现有互联网资源，构建农产品微信公共服务平台，整合互联网资源和数据资源，给消费者提供更方便、快捷的查询服务，不断扩大追溯体系覆盖面。为确保农产品安全及质量，实现农产品"从种子到舌尖"全过程可追溯源头，盘锦市大洼县政府引进了无线射频识别、移动互联网、物联网等信息技术，并将其在企业中推广应用，在农业生产、加工、流通、销售等各个环节，实现信息互通共享、确保上下游追溯体系无缝对接，确保查必有源。

2.2 大洼县政府积极推动基础设施建设，发展主题民俗村

得益于盘锦市大洼县政府的美丽乡村、宜居乡村建设，为配合认养农业发展旅游业打下了良好的基础。在主题民宿村的发展过程中，大洼县政府坚持规划布局，以挖掘当地民俗文化特点为基础，以建设一村一品、一村一景、一村一韵的魅力村庄为目标，提高乡村旅游整体水平。民俗旅游运营始终以大洼县制定的《大洼县民宿运营工作管理办法》为基础，加强和完善区、镇街道、村三级联动机制，加快建立"专业酒店+闲置房屋"的模式，采用集中采购、集中配送、集中管理的专业化统一运营模式，农户以收取租金或房屋入股的模式直接参与经营，获取收益分成，同时可以被雇用参与运营服务。以这样的方式实现资源的最

① 陈红川.互联网背景下现代农业发展路径研究［J］.农业，2009（1）.

大化利用,提升企业运营管理效率,既保证了游客原汁原味的体验,也帮助农民实现了致富增收。

图 5　民俗客厅

图 6　民俗特色大炕

"稻田慢行系统"贯穿整个大洼县,串联着"稻香小镇"石庙子村、"葡香小镇"北窑民宿村为代表的多个主题民宿村,以"石庙子—白家—朱家—北窑—疙瘩楼水库两侧沿线"为主线路。各个村镇各有其文化、风景特色,如西安镇上口子村主推辽河口风光民宿；榆树镇曾家村的"大榆树"历史文化资源是其独特的招牌；新兴镇腰岗子村发挥在辽河口渔业特色；平安镇平安村主推朝鲜族风情体验特色；新开镇依托江南式建筑，建设"水馆"宾馆、水上木屋等。

轻柔的音乐，舒适的座椅，迷人的灯光，一杯醇香的咖啡，安神养息一小会儿，这并非城市特色，而是深处风景宜人，古色古香的小镇中——大洼县石庙子村里的"墙上咖啡屋"。主要是由于石庙子村地理位置优越，周边都是盘锦著名的旅游景区，如最近的七彩庄园据此地不过500米，就算到最远的红海滩也只需开车15分钟左右。目前大洼县正在对区域位置良好的地段改造，打造咖啡屋、主题餐厅等方便游客及客户驻足休息。

图7　墙上咖啡过往游客留言

客户来到大洼，不仅零距离地感受到了清新原始的乡村田间风光，还品尝到当地村民亲自烹饪的最地道的当地美食，更能够直接住在农户家里，体验一把农民的乐趣。目前，大洼县已建精品民宿44户，在建民宿85户，这些独具特色的民宿成为大洼"全域旅游"产品体系的新亮点。

在认养农业的带动下，截至2016年底，从事大洼县休闲农业与乡村旅游

图8　咖啡屋内景

人数达 5 万人，农民人均收入上涨超过 1000 元。随着一批乡村旅游景区的相继开园运营，大洼县开启了以"旅游酒店企业+农村闲置房屋"为模式的乡村民宿旅游的成功探索，乡村旅游成为全区旅游业的重要组成部分。在"全国特色景观旅游名镇名村"评比中，盘锦大洼县的向海街道、赵圈河镇以及西安镇上口子村等都已成功入选，盘锦市大洼县还被评为"最美中国绿色生态特色旅游目的地城市"。民宿养老产业盘活了农村闲置房屋，采取"农户+合作社+企业+政府"经营模式，吸引城里人"候鸟式旅居养老"，农户每年增加收入万元以上。①

2.3　利用独到的自然禀赋就地取材做旅游

盘锦市具有得天独厚的自然优势，拥有肥沃的黑土地，事宜气候条件，使大洼县成为优质大米的主产区。随着始于 2014 年政府的宜居乡村建设，大洼县的基础设施建设日臻完善，村容村貌焕然一新，为配合认养农业有更长远的发展，因此就地取材做旅游。盘锦市的旅游资源分为两块，一块是独具特色的稻作文化，另一块是得天独厚的自然风景。而文化与风景在当前已经进行了深

---

① 邓敏敏.稻作文化　大洼全域旅游发展的"文脉"[N].中国旅游报，2016-09-16-004.

度的融合。

在干净整洁的新农村道路上行驶，马路两旁间或出现的形态各异的稻草雕塑艺术品给前来参观的客户留下了深刻的印象。又如在红海滩湿地公园，登高远眺时，一幅幅精美绝伦的稻草画作展现出在一望无际的田野上，更是给人以强烈的视觉冲击。这是盘锦市大洼县政府为了打破盘锦冬季旅游产品少的"瓶颈"，充分发挥想象力，利用稻草这一资源。盘锦市目前有超过170万亩的水稻种植面积，因此产生了丰富大量的稻草，这些稻草应该被加以利用。首届冬季稻草艺术节2015年在大洼县举办，举办方当时共设置了稻草摆塑艺术区、稻草塑形艺术区、稻草趣味体验区、稻耕文化博物馆区、《冬季盘锦》摄影展区、冰上垂钓体验区、冰雪运动体验区七大主题展区。整个冬季稻草艺术节充分利用收获之后的300余吨稻草。稻耕文化博物馆区的主题是"历史+文化"，通过一系列方式将盘锦"百年成一稻"的典故、发展历史形象地展现在客户及游客眼前，如实物陈列、影像介绍等形式。在稻草趣味体验区，以稻草为主题举办的开放式娱乐性参与活动，让无数游客近距离接触稻草，并从中感叹能工巧匠的艺术天赋。此次艺术节吸引了全国众多游客参观。

盘锦市大洼旅游发展的"命脉"便是独具特色的稻作文化。为此，大洼县在石庙子村建设了中国第一个"行走中的稻田博物馆"，建设方式是将原有的稻田排灌沟渠翻修重建改成三种车道，即自行车骑行道、人行道以及电瓶车观光道。"稻田骑行"在原有的自然风光中，又融入了许多现代的人文艺术景观、作品。比如稻田艺术设计、体憩小亭、特色咖啡厅、书吧、驿站（便利店）等设施，致力于打造出中国第一个，也是世界上唯一的"行走中的稻田博物馆"。[①]

---

① 邓敏敏.稻作文化 大洼全域旅游发展的"文脉"[N].中国旅游报，2016-09-16-004.

图9　行走的稻田博物馆

3　盘锦市认养农业成功经验

3.1　解决了消费者和生产者之间的信任危机

与传统的粮食生产方式不同，"认养农业"解决了粮食生产者和消费者的诸多痛点，给农业生产和经营带来革命性的变化。

种植稻米的耕地由消费者选定。众所周知，化肥、农药的过度使用，导致耕地污染问题日益严重。受到污染的耕地，尤其是受到严重污染的耕地，严格来讲是不能够种植粮食作物的。当今农村出现一个看似令人费解的现象，农民自己耕地种植的粮食卖给市场，自己却不吃，就是因为这些耕地遭到污染。正是出于对耕地污染的担忧，消费者对市场上出售的粮食产品并不放心，从健康角度出发，现在不少消费者追求从源头控制粮食产品的质量。现代互联网的传播速度允许远程视频的传输，能够使认养客户轻而易举地利用手机 APP 检查粮食种植到配送期间的操作。"认养农业"，让消费者自己选择粮食品种，要么自己种，要么监督别人种，消除了后顾之忧。正是对粮食生产环境、生产方式、配送途径了然于心，所以对于认养农业模式产出的粮食，消费者可以放心地接收，安心地消费。[①]

3.2 保证了农产品的销量稳定

盘锦市大洼县认养农业采用"互联网+认养农业"的生产方式，稳定了农产品的销路。生产者不用再做市场调研，不愁品种选择，只要按照消费者指定的品种种植，是这一农业发展的独特优势。回顾当前国内农产品市场形势，国内粮食生产连续增产、低价进口粮食的管制政策放开、国内粮仓仍存有居高不下粮食，这就导致农民最为担心的即粮食的销路问题。认养农业与互联网线上线下经营相融合，极大地缓解了农民的这种担忧。在每年粮食播种之前，消费者就已经调研多日，慎重确定了产地、品种，赶在粮食生产者在粮食播种之前，就下了订单，指定了生产品种，确定了最终粮食的品种、销路。因而，生产者只需要按照订单生产，做好对粮食生产全程监管即可。

3.3 改变了农民的定位，拓宽了农民的收入

认养农业真正的符合三方当事人的共同利益，即达到了政府"搭台"企业"唱戏"农民获利的目的，通过认养农业引进有实力的企业，采取"公司+农户""公司+客户"的双向合作模式，认养农业给农村带来了源源不断的客户流、信息流、资金流，也彻底改变了一家一户分散经营、效率低下、导致收入不高的核心问题，使农民在发展农业中寻找到了许多条致富新途径：

一是流转土地直接增收。以前小户经营种植水稻每亩纯收益最多 800 元，而认养农业把土地流转后，给农民分得的土地流转每亩收益是 1000 元，农民直接增收 200 元；而每亩菜园年纯收入则成倍增长，由之前仅仅 2000 元提高到现在的 14000 元，农民直接增收达 7 倍。

---

① 张思齐. 盘锦"认养农业+"加出了什么 [J]. 决策，2016（8）：68-69.

二是务工挣钱实现增收。发展认养农业后，将大量的农村劳动力从土地上解放出来，他们可以在认养公司以新身份工作——农业工人工作，或进城务工，仅此一项就给农民带来了巨大的额外收入。

三是借助网络促进增收。认养公司在全国首创"认养农业+互联网"新模式，形成订单农业，减少了销售费用，同时粮食及其他农副产品产出后不愁销路。

四是带来客流加快增收。认养农业吸引了大批城市人对原始淳朴的田园风光的憧憬，很多认养客户在签订认养协议后，每隔一段时期都会想来看一看自己的"一亩三分地"，这给农村带来了稳定的的客流量，与此同时就是大量的食宿消费，旅游业的兴起给农民带来了更高的收益。[①]

3.4 优化当地生态，发展绿色理念

在十八届中央委员会第五次全体会议上，习近平总书记提出了创新、协调、绿色、开放、共享这五大发展理念。大洼县在发展认养农业的实践过程中着重强调了"绿色"这一理念，其围绕绿色发展、锐意进取、不断创新，在农产品溯源环节、无公害种植技术等做法上处于时代的前列。认养农业是对绿色发展理念的践行，一切从食品安全、生态可持续角度出发，确保群众"舌尖上的安全"、大自然的生态平衡：

一是"稻蟹共生"生态循环；形成"稻蟹共生、蟹吃虫饵、蟹粪还田"的天然生态循环链，保证整个水稻种植过程的绿色无公害。

二是种植过程生态安全。在农作物生长到收获的一系列过程中化肥零、农药零添加，其中前期施用有机肥、农家肥，中后期脱肥；使用进口的最新的紫光灯防治技术进行杀虫，避免高毒农药的使用对农田造成污染，以及农产品的农药残留问题，保护了当地的土壤环境，使土地长期保持肥力。

三是全程监控确保生态。消费者通过手机 APP 对自己的认养地进行 24 小时无死角监看，发现异常问题及时反映，确保农田绿色生产。

四是溯源追踪保质保量。建立食品质量安全追溯系统，生产、仓储、加工、

---

① 大洼县人民政府办课题组. 认养农业:引领传统农业转型升级 [N]. 盘锦日报，2016-04-06（007）.

运输全程跟踪受控，实现绿色农产品从田间地头直接提供给消费者。①

图 10　台湾紫光灯杀虫，降低虫口密度，保护生态平衡

4　盘锦市认养农业发展趋势

4.1　坐稳农产品质量监控，确保食品安全提升农产品的竞争力

盘锦市认养农业在未来的发展道路上要始终认清一个事实，那就是优质、绿色、健康的农产品才是其核心竞争力。虽然认养农业带来了新的销售模式，改变了当地的生态环境，带动了旅游业的发展，但所做的一切根本目的还是烘托其自身的农产品，起到锦上添花的作用。

因此，盘锦市在发展认养农业时，勿忘初心，始终以生产绿色、有机、污染的农产品为准，给消费者提供放心安全的农产品。继续培育优质无污染的种苗，加强对基地操作人员的安全种养培训，彻底杜绝滥用农药、化肥的现象，继续在新建的农产基地上架设监控装置，在原有的监控区域内，查漏补缺，实现监控全方位无死角。不断采用新型杀虫防害技术，对设备及时更新换代。继续完善农产

① 大洼县人民政府办课题组.认养农业:引领传统农业转型升级 [N].盘锦日报，2016-04-06（007）.

品质量追溯体系，采用标签记录每一个环节数据，消费者通过手机或电脑等扫描终端读取标签，便可以查看该农产品的品种信息、生长的基地位置、生长环境、病虫害防治、采集时间以及储藏环境、质检报告、运输、销售等从生产到销售全产业链的一系列数据。任何环节出问题，都能准确锁定，找出来源，以便迅速解决，防止风险。

4.2 加大对"认养农业"品牌的宣传力度

盘锦市一直以盘锦大米闻名全国，其晶莹饱满、粒型完整，米饭色泽油润、清香浓郁的特征深受广大国人的赞赏。而随着农业发展新时代的到来，认养农业品牌的价值体现出来。

品牌效益无疑是获取更高利润的选择。而品牌塑造是一个系统长期的工程，品牌知名度、美誉度和忠诚度是品牌塑造的核心内容。在宣传认养农业品牌知名度方面，要以企业为主导、政府帮扶的方式。要充分利用现有的互联网技术，管理完善微信公众号，利用现有的客户资源对其公众账号广泛传播，并对宣传的客户进行物质奖励，在京东、淘宝等大型客户端软件上投放广告。在各大城市地铁、火车站等人流聚集的地方张贴盘锦市认养农业展板。积极联系各大媒体记者采访考察。政府要充分发挥服务性政府的作用，做好公关工作，积极吸引其他省、市工作人员及各大科研院所教授、研究员参观考察。通过整洁的农场、自然的风光、流畅的交易流程，给前来参观的游客留下深刻的印象。

未来，人们联想到盘锦市不仅想到闻名遐迩的盘锦大米，还会联想到舒适的民俗、优雅的咖啡厅、纯真的自然风光以及淳朴的乡土人情，这也是未来盘锦认养农业发展的方向。

4.3 继续投资于旅游景区的规划和建设

未来，随着中国国力的不断提升，人民的生活水平收入水平也随之不断提升，人们不仅满足于美食的享受，对精神上的如自然风光的旅游需求将会越来越迫切。而且，当前中国绝大多数中产家庭都生活在城市，大城市的旅游景区已不再是他们唯一的选择，未来将会有越来越多的家庭将目的地选择在农村，体验农家乐、原始的风景、一望无际的稻田以及舒缓的节奏。对于客户来说，认养农业不仅仅是获得安全放心的农产品，更是一种舒适放松的自然之旅。因此，盘锦市要抓住这个时代发展的机遇，继续加强对认养农业附近景区的规划和建设来吸引更多的客户，创造更大的影响力。

如大洼县目前正在积极筹备建设客户体验馆、"四维一体"认养农博园、修建体闲小屋、垂钓园、在当前民宿的基础上增加民俗特色等服务。认养农业的未来要向多元化方向发展和探索，即"认养农业+N"，将认养农业与其他产业有机结合，如随着当前人口老龄化社会的到来，推出"认养农业+养老"这一主题、继续打造和发扬当地文化，稳固"认养农业+文化"这一招牌、挖掘和创新当地特色食材，规范农家乐饭店的运营，也让客户体验到"认养农业+饮食"。通过一系列举措提升各个产业的创新力和生产力，让健康的生活方式引领"认养农业+旅游"良性发展。盘锦市大洼县要抓住政策发展机遇，以"全国中小城市改革发展试点县"为契机，在未来把辖区内乡村打造成集文化、度假、研学、健康、自然、农学体验于一体的"超5A级景区"。[①]

参考文献

[1]周亚茹，王国军.认养稻田做一回"庄主"[N].农民日报，2016-10-11-008.

[2]王福晗.国营农场改革路径探究——以辽宁省盘锦市大洼县为例[J].农场经济管理，2015（12）：14-17.

[3]张思齐.盘锦"认养农业+"加出了什么[J].决策，2016（8）：68-69.

[4]张瑶.国外农业认养旅游运作模式研究[J].中国商界（下半月），2010（12）：223.

[5]湖北省襄阳市农业委员会，龚锡强."互联网+认养农业"让产销精准对接[N].粮油市场报，2016-01-09B03.

[6]邓敏敏.稻作文化 大洼全域旅游发展的"文脉"[N].中国旅游报，2016-09-16-004.

[7]黎积芳.辽宁新立农场家庭承包后职工收入增长情况调查[J].国营农场经济研究资料，1984（13）：10-14.

---

① 张思齐.盘锦"认养农业+"加出了什么[J].决策，2016（8）：68-69.

讨论题

（1）盘锦市大洼县的认养农业是否为此地区的特例？抑或是其模式可作为样板推广到其他地区吗？

（2）作为农业资源的附加产品，讨论休闲观光农业或是农村旅游业对当地农业发展的作用。

（3）盘锦市大洼县认养农业未来可能会出现什么问题，以及如何应对这些问题？

（任亮）

辽宁省大洼县"宜居乡村"建设

案例概要：2014 年以来，大洼县积极贯彻落实国家、省、市关于推进宜居乡村建设的工作部署，紧密结合群众路线教育实践活动，着眼全面建成小康社会、破解城乡二元结构、统筹城乡发展，在全县农村全面实施宜居乡村建设工作，"让农村成为安居乐业的美丽家园"探索出一条符合大洼实际的新型城镇化、城乡一体化发展的新路。目前，全县 108 个行政村已全域建成美丽村，农村生产生活方式实现了大变样。2015 年，大洼县作为实地参观点成功承办全省宜居乡村建设现场会，不仅使大洼的知名度大幅提高，还有效带动了农民致富和乡村旅游等产业发展。大洼县的发展思路值得深入探讨，宜居乡村该如何有序开展？乡村全域旅游能否成为农村未来发展的重点参考方向？希望大家对此进一步思考。

案例主题词：宜居乡村；全域旅游；美丽乡村建设；农业产业化

1 大洼县基本概况

1.1 地理位置

大洼县隶属于辽宁省盘锦市，位于辽宁省西南部。大辽河及双台子河（辽河）下游的入海口、辽东湾的东北岸。中心位置北纬 122°07′，东经 40°98′，东南与海城市、大石桥市相望。

1.2 基本情况

大洼县于 1975 年建县，在 1988 年成为沿海开放县。大洼县作为辽宁 15 个县域经济发展重点县之一，是盘锦的母城，并且作为辽东湾水城的重要联结点。大洼县面积共 1349 平方千米，有 13 个镇，127 个村，40 万人。耕地 70 万亩，年产水稻 1.3 亿斤。辽河冲积平原，平均海拔 2.7 米。气候温和，日照充足。空气负氧离子含量丰富，是天然氧吧，是世界最大、全国最美的滨海芦苇湿地，丹顶鹤等 260 多种珍稀鸟类常年栖息于此。石油、天然气、温泉等资源丰富，辽河油田主产区，亚洲最好的低温温泉。红海滩恢宏大气，东北旅游门户区，辽宁旅游的新名片。盘锦大米、河蟹远近驰名。大洼县距大连 3 小时路程，境内有盘锦港和二界沟渔港，地处环渤海经济圈东北部，是联结辽南、辽西与辽中三大经济板块的重要节点，与辽宁省内各大城市构成"2 小时经济圈"。沈大、京沈、盘海营高速公路、沈山铁路、沟海铁路和京沈高速铁路、疏港铁路，305 国道以及跨越环渤海六市的滨海公路、东北第一景观桥——跨辽河大桥、年吞吐量亿吨的盘锦新港，构成了城域主要交通网络。大洼县距沈阳桃仙国际机场 1.5 小时路程，靠近营口机场，构成了水陆空综合交通体系。2010 年建成的向海大道以及 2012 年全线贯通的中华路，加快了全市枢纽型、网络化、功能性大交通体系建设，盘锦市的沿海且临港的交通节点优势进一步显现，带动了沿路临港产业带的形成，构建了以"辽河油田"和"盘锦港"为双核，"兴隆台区"为母城，"辽东湾"为新城的"双核双城"的发展格局。

2 大洼县经济数据

2014 年，全区地区生产总值实现 252 亿元，增长 10%；公共财政预算收入实现 23.8 亿元，增长 1.9%；固定资产投资实现 240.8 亿元，增长 16.6%；城镇居民人均可支配收入和农民人均纯收入分别实现 29150 元和 16200 元，分别增长 10% 和 11%。

2.1 第一产业

大洼县是中国四大农业垦区之一，拥有最密集的国有农场群。大洼县基本形成了水稻、水产、蔬菜、畜牧、芦苇五大主导产业全面发展的大农业生产体系和富有大洼特色的大米、鲜细菜、河蟹、海蜇、淡水鱼、对虾、文蛤、填鸭、生猪、芦苇十大生产加工基地。

大洼县农业以种植水稻为主，盛产优质大米，年出口大米 2 万多吨，已成为辽宁省商品粮和优质米生产出口基地之一。2015 年，泥鳅鱼养殖 3.2 万亩，河蟹产量 2.6 万吨，农田面积超过 3 万亩。

2.2 第二产业

大洼县工业主导产业有石油化工、造纸、酿造、建材、食品、饲料、医药等，工业门类有石油、机械、电子、轻纺、建材、医药、冶金、食品、饲料等。2010 年，有中外合资经营企业、中外合作经营企业、外商独资企业 20 家。与美国、加拿大、奥地利、日本、韩国、泰国、俄罗斯及中国香港等 20 多个国家和地区建立了经贸关系。2014 年，临港经济区有 6 个项目签约入驻，有 3 个项目竣工投产。新兴工业园、新开产业园、新立中小企业创业园等特色工业园区。总部基地入驻企业 80 余家。全年新增小微企业 826 个，新增个体工商业户 1657 户。

2.3 第三产业

截至 2010 年，大洼县有各类市场 21 处，占地 158 万平方米，有张家黄瓜市场、二界沟水产品市场、田家机动车交易市场、鹤吉商贸中心，有金融、保险、通信、旅游、房地产、咨询等新兴第三产业。非公有制经济注册资金达到 7.2 亿元，年创税收 6500 万元。2014 年，大洼县社会消费品零售总额实现 52.3 亿元。

3 大洼县"宜居乡村"情况介绍

目前，大洼县 13 个镇全部开展了宜居乡村建设工作，涉及 13 所九年一贯制学校、13 家镇公办幼儿园、13 家镇卫生院、121 个村，涉及人口 23 万人。两年多来，大洼县投入 16.9 亿元，坚持从缩小城乡二元差距入手，大力推进绿化、碧水、畅通等"八大工程"，积极完善农村基础设施和公共服务设施，目前全县 108 个行政村已全域建成美丽村，农村生产生活方式实现了大变样。2015 年，大洼县作为实地参观点成功承办全省宜居乡村建设现场会，不仅使大洼的知名度大幅提高，还有效地带动了农民致富和乡村旅游等产业发展。

4 大洼县"宜居乡村"主要成果

4.1 推进农村基础设施建设，改善农村居民生活环境

一是实施净化、绿化、美化、碧水等工程，从治标到治本，彻底改善了农村环境。2014 年初以来，全县共植树 300 余万株，做到了应栽尽栽、栽满栽严，大树进村，果树进后园；每年播种花种 7000 多千克，保证 5~10 月鲜花竞相开放；建成氧化塘 263 个（40 余万平方米），且与边沟互通互联，实现生活污水生态化处理；累计清理垃圾 42.3 万吨，与国字号京环集团合作，在全省率先推进城乡一体化大环卫体系建设，建立起"户集、村收、合资公司统一收运处理"的农村垃圾处理体系。

二是实施亮化、畅通、粪便科学利用、全域环境治理等工程，极大提高了农村基础设施的建设水平和承载能力。目前新修黑色路面 1034 千米，已实现黑色路面全覆盖。所有村屯修建边沟 1387 千米；安装电源路灯和太阳能路灯 10157

盏；安装无害化卫生厕所 11535 个；建成畜禽粪便贮存设施 15 个，防渗漏垃圾填埋池 13 个，基本解决土地二次污染的问题。

燃气项目建设：①三家企业。祥泰、宝恒、恒泰利，已投入 7 亿元资金，铺设主管网 290 千米，铺设支管网 230 千米，覆盖 107 个村，6 万户群众，已有 6000 户群众用气，剩余将在春节前实现通气。②冬季取暖，解决为农村冬天取暖这个老大难问题，引进了南方的燃气采暖炉。主要用于室内采暖、沐浴，140 平方米房屋需要 20 千瓦暖炉，价格 2999 元。盘炕 700 元，暖气片 1000 元，总计费用 5000 元。取暖 5 个月，每天 10 小时，2.9 元每平方米，每天 11 元，一个冬天 1650 元左右，既省钱又环保。

4.2 推进服务设施建设，转变农村居民生活方式

陆续实施"五个一"工程建设，即保证各行政村燃气入农家，建设一个卫生所、一个澡堂、一个金色裕农连锁超市，实现城乡客运公交一体化。保证群众在家中烧燃气，不出村就能看小病、洗澡，就能买到新鲜的瓜果、蔬菜、副食品。目前已建成超市 142 个，总面积达 25400 平方米。已建成澡堂 44 个，总面积达 14400 平方米。内置齐备的洗浴设施，实现村民洗澡不出村。建成村卫生室 107 个，总面积达 9500 余平方米，新购入各种医疗设备，完全达到了市医疗卫生的相关要求，已经全部完成投入使用。2014 年已铺设管线 520 千米，已具备通气条件 15713 户，已实际使用的 9498 户，已完成燃气管线铺设任务，燃气使用费用实行市场化运作模式。2015 年启动城乡客运公交一体化工程，计划三年内构建与大洼县经济社会发展水平、人口规模相适应的城乡客运公交一体化网络，打破城乡公交与农村客运二元分割局面，逐步实现城乡客运公交运行集约化、服务均等化。此外，根据群众需求新建设文化广场 96 个，保证每个村至少有一个文化广场。

4.3 推进示范村、美丽村和镇区建设，优化村民生活条件

大洼县根据实际情况，按照示范村、美丽村、达标村三类标准，分类推进宜居乡村建设。将 13 个动迁和棚改村列为达标村范围，达到干净整洁、绿色生态的基本要求。其他 108 个村按照两步走建设宜居乡村。第一步，2014 年全力打

造新兴镇王家村、田家镇大堡子、大洼镇小堡子村等10个宜居乡村示范村，成功召开全省宜居乡村建设现场会。第二步，2015年已建成98个美丽村，实现美丽村建设全域化。此外，在搞好村内宜居乡村建设的同时，全力推进镇区建设工程，加强镇区基础设施建设，强化镇区环境管理，完善公共服务体系，目前大洼县各镇已全部打造成设施完善、管理到位、功能齐全、产业发展、特色彰显、社会和谐的镇区。

大洼县的宜居乡村中有四个示范村案例供大家参考，分别是白家村、北窑村、石庙子村以及朱家村。希望大家深入分析，这四个村子如何打造自有特色。

白家村面积为7平方千米，1016户、3100人，耕地5500亩，2014年申报了辽宁省传统村落。白家村的特色产业发展的是碱地柿子，白家村碱地柿子产业基地于2014年8月建成，规划面积1000亩，预计建成400栋暖棚、200栋春棚，目前已占地600亩，建成300栋暖棚，年产量约300万斤，年产值3600万元。2016年5月，计划再扩建400亩，建100栋暖棚、200栋春棚，届时，预计年产量可达500万斤，人均增收8000元，实现产值6000万元。处于北纬40度黄金水果带，具有碱地柿子生长的天然地质条件，碱地柿子口感独特、清脆异香，VC含量超高，被国家农业部蔬菜品质监督检测中心确定为绿色食品。产业基地采取"公司+农户"的经营模式，统一生产、统一采摘、统一包装、统一价格、统一销售，实行规范化生产经营。产品销往北京、上海、天津、香港和澳门等地区，少量产品通过跨境电商销售方式进入到英、美、俄等国家。

目前，白家村碱地柿子已注册"OH! 番茄"商标，品牌的知名度和影响力日渐提升。除盐碱柿子外，白家村还有优质水稻种植区、肉食鸭养殖区、淡水鱼养殖区、泥瓦匠合作社，人均收入15000元，形成了"干群同心、共同致富"的良好局面。唐家学校，九年一贯制学校。全县各镇均有一所这样的学校，学生由校车统一接送、学校食堂的食材由金社裕农公司统一配送。北窑村面积9.6平方千米，辖6个自然屯，624户、2563口人，耕地8206亩。

北窑村是大洼县乃至全市第一个打造的坡屋顶改造示范村，2012年，聘请国务院发展研究中心做了高水平的总体规划。选定了原总理温家宝充分肯定和认可的四川彭州模式进行改造。投资3000万元，仅利用3个月就完成了所有改造工作。被国家住建部评选为全国首批"中国最美乡村"，被国家农业部评为"中国最美休闲乡村"。主导产业：水稻，葡萄，人均收入达到 15000 元，被中国农学会认定为"中国优质生态葡萄示范基地"。

北窑村优质生态葡萄园基地位于北窑村的南部，占地面积 500 亩。因葡萄园地处世界优质水果黄金生长带，土质肥沃，水质甜润，采用控制亩产和施农家肥生产技术，生产出来的葡萄甘甜怡人、沁人心脾，每串葡萄都籽粒饱满，备受消费者喜爱。葡萄园实行"家庭农场+农户经营"模式，全力打造"中国优质生态葡萄示范基地"，主要品种有巨丰、香悦、玫瑰香、奥古斯特、君亚，其中巨丰种植面积 470 亩，其他品牌 30 亩。葡萄园现已形成集餐饮、民宿、观光、采摘、储藏、展厅于一体的农家旅游模式，每年吸引省内外游人 3 万余人。2013 年，北窑葡萄走进党的十八大会场所在地，同年葡萄园被中国农学会葡萄分会定为"中国优质生态葡萄示范基地"。目前，葡萄园正逐步向生产、加工、销售一体化方向发展，每亩纯利润 2 万~3 万元，现已成为群众致富的新途径。

石庙子村位于大洼县大洼镇东南部，区域面积 2 平方千米，人口 142 户、494 人。自 2014 年宜居乡村建设开展以来，石庙子村累计投入资金 1000 多万元。石庙子村依托宜居乡村建设成果大力发展田园休闲享老产业，与兴宏享老（北京）资产管理有限公司签订合作协议，投资 250 万元对村民闲置房屋进行改造。村民每间房屋，年可收租金 2000 元，三间房年收租金 7000 元，并且每年租金递增 5%。目前，兴宏公司已与 48 户村民签订租赁协议，18 家样板房已装修完成，形成了"一院一景""一户一特色"的田园生态休闲风格。

朱家村共 2206 人，524 户，面积 6.3 平方千米，耕地 6966 亩。村子特色在于建立了七支队伍，"村干部代办队、种养殖技术队、文体骨干队、矛盾纠纷调解队、维护妇女权益队、绿化养护队、劳务输出队"。通过"七支队伍"带动干部当先锋、党群共行动，仅用一年时间就完成了屋檐、门窗，道路、亮化，院墙、入户桥、边沟等 10 余项环境整治任务，村容村貌发生了巨大变化，成为全市首批美丽乡村。人均收入 18000 元，实现了基层组织建设、农民增收致富、群众文明素质提升，齐头并进。

4.4 推进农村新风尚建设，形成文明乡风

一是建设宜居乡村的目的是通过治理和提升，逐步改变老百姓传承了上百年

甚至几百年的生活陋习。一些党员和普通群众的生活习惯已经开始改变，一批示范村、美丽村，一批示范户、美丽户、文明户开始涌现出来，并且带动着周围的老百姓逐步接受文明的生活方式，比如把厕所安在室内、定时把垃圾放在垃圾箱、不再将畜禽散养。这些细微的变化，必将会产生"蝴蝶效应"，推动我们整个村风民风的改变。

二是涌现出来很多好人好事，很多老百姓已经自觉地加入到环境治理和管理的队伍中。例如新立镇有一名81岁老党员，主动承担了自己家房前那条街的除草和保洁的工作，并且坚持每天清扫和除草。

三是群众的环保意识明显增强，各镇各村形成了各自的地域风格和文化。唐家镇北窑村突出生态、美丽、健康、幸福的理念，通过综合性改造，开展全民免费健康体检，成立了文体协会，积极开展丰富多彩的文体活动，成为中国第一个健康文化主题村落。各镇村实施"文化上墙"工程，把中国传统文化以图文并茂的形式绘制在院墙上，让群众时时刻刻接受历史文化熏陶，形成了和睦邻里、尊老爱幼的良好文化氛围。

4.5 推进农村产业发展，促进农民增收

目前，全县利用环境资源及地域优势，已初步形成宜居乡村建设与农民增收致富相互统一、相互促进的良性循环。涌现出了赵圈河镇红海滩国家风景廊道、王家镇七彩庄园等一批乡村特色产业园区及旅游区。县政府成立大洼认养农业公司，引导部分镇村发展认养农业，全年计划实现认养面积100000亩，截至目前，全县认养面积达到30000亩，认养农业已然成为促进农业增效、农民增收、农村环境改善的重要产业。同时，大力推进果树进院、发展庭院经济，北窑村的葡萄和山楂树，朱家村、白家村的李子树和梨树，果成后每年可为农民增收近千元。此外，利用宜居乡村建设带来的知名度和人气，大力发展规模化、品牌化现代农业，北窑村优质生态葡萄园基地、白家村碱地柿子产业基地与宜居乡村建设应运而生、不断发展壮大，现已成为与宜居乡村建设配套的乡村旅游大农庄。反过来，这些农庄和特色农产品吸引来的游客，同步在乡村进行民宿消费，又激发了群众的热情，有力地支撑了宜居乡村建设的发展。

5 大洼县"宜居乡村"主要措施和经验

5.1 加大宣传，营造浓厚氛围

一是坚持正面引导。通过微信、画报等群众喜闻乐见的方式加大宣传力度，动员引导村民加入宜居乡村建设工作。同时，发挥群团作用，创新载体，为孩子、青少年及妇女搭建参与环境整治工作的平台。

二是坚持反面曝光。通过短信每天通报各镇各项工程治理进度，在县电视台新闻专栏设立曝光台，每天对各镇治理不到位的死角、环境卫生未达标地段进行曝光。

5.2 搭建平台，发挥党员干部带头作用

从建设开始，大洼县就坚持干部网格化管理，正职领导包镇、副职领导包村、普通干部包户，一级对一级负责，发挥了重要作用。

一是持续开展"回头看、回头干"活动。大洼县对农村环境整治工作进行了全面盘点，查找不足并调整工作方向。要求机关干部每周不少于三个工作日到包扶户进行指导，坚持各镇宜居乡村管理办公室、村干部和中心户长巡视制度及保洁员全天候保洁工作制度，并制定相应奖惩措施，巩固集中治理成果。

二是开展庭院卫生治理活动。结合机关干部包户工作，对农户进行挂牌管理。通过门牌号字母大洼县就可以分辨出公职人员（G）、公职人员亲属（Q）和普通村民（P）三类人群及包户干部，通过各镇包扶、团县委、县妇联、教育局、民政局等部门分别从公职人员、公职人员亲属、优秀妇女代表、低保户、被包扶户等各个层次入手开展庭院卫生治理活动，合格率达到98%。

5.3 注重长效，实现建管结合

一是县、镇成立宜居乡村建设管理办公室，建立科学、有效的城乡环境管理

体系，建立道路维护、边沟清理、垃圾清运、路灯维护、绿化养护等工作机制，实现长效管理，巩固治理成果。

二是切实发挥《美丽大洼村规民约》的作用。由居住在村内的公职人员带头遵守村规民约，由镇包户干部监督群众遵守村规民约，以村规民约带动村民良好习惯养成。

三是认真执行《公职人员八项规定》，制定公职人员环境管理考核办法，由镇宜居乡村管理站严肃督查公职人员管理、维护环境卫生情况，对于不能按照规定履行环境管理义务的公职人员，要按照规定给予罚款，对于情节严重的要给予严肃处理。

四是认真执行《大洼县保洁员管理制度》。形成三级管理机制，即县管镇、镇管村、村管保洁员。

五是进一步加大督查力度。充分发挥县督查组的督导检查职能，通过拉练、互评、排名等多种方式保证宜居乡村建设工作稳步推进，取得实效。

5.4 注重文化特色，留住东北农村特有乡愁

目前，大洼县把丰富群众文化生活纳入宜居乡村建设内容，在建硬件的同时积极完善软件，让百姓不仅住得舒心而且还生活丰富多彩。现在，这些村都成立了文艺队，每天傍晚组织群众跳广场舞、健身操，在节庆日组织文艺会演，各项活动搞得有声有色，深受百姓喜爱。此外，这些村还将孝道文化、民俗文化制作成文化墙，潜移默化地提升全村百姓的文明素质。根据地域特色和文化，开展了疙瘩楼冰雪嘉年华、稻草文化艺术节、葡萄采摘节等大型乡村体验活动近20次，有效地集聚了人气和保留了农村的特有乡愁。

6 大洼县"宜居乡村"下一步发展方向

6.1 推进美丽村提档升级工作

一是做好环境治理工作。抓好院落环境整治，通过宣传引导，完成院外杂物进院收尾工作；抓好垃圾处理长效机制建立完善，按照一个村民组配备一名保洁员的标准，加快垃圾存放点建设，补足垃圾收集池，保证垃圾日产日清。

二是做好基础设施建设提升工作。推进道路、边沟建设，实现乡村道路全面硬化，保证边沟治理随道路建设同步推进；推进村屯文化广场建设及危房改造工作，确保广场文体设施配套齐全，农房风貌全面提升；推进入户桥及院落围（栏）墙建设；发挥财政资金的引导和杠杆作用，发动村民投资加快私产建设。

三是做好公共服务水平提升工作。做好燃气工程建设，确保各村屯全面达到燃气使用条件；抓紧完成村卫生室建设收尾工作，按照国家相关规范要求，配齐诊疗设施和医护人员，满足村民就诊需求；做好超市建设，继续加快超市建设步伐，严格按照标准实施建设，保证建设质量；做好村浴池建设，积极探索村浴池长效运营机制，拓宽营业范围，提高经营效益。

6.2 推进镇区建设提升工作

一是做好镇区环境治理工作。做好镇区环境卫生清理工作，将镇区保洁纳入大环卫体系，并进一步完善保洁机制；做好镇容镇貌及交通秩序治理工作，推进违建拆除、牌匾规范、交通秩序管理、交通信号设施修复等工作，实现镇区环境质量全面提升。

二是做好镇区基础设施建设工作。全力推进样板街路建设，保证高标准完成；加大道路、排水、绿化、亮化等设施维修养护力度，实现正常运行。

三是做好公共服务水平提升工作。采取市场化运作的方式，全力推进镇区大型超市、农贸市场、快捷酒店、电影院建设工作。

6.3 推进长效机制完善工作

认真落实市委、市政府制定的 21 项专项管理制度。坚持分类管理、分户包扶、干部带头的工作模式，推广日检查、周通报、月处理的工作制度，充分发挥村屯干部作用，管好保洁队伍。转变农村生活习惯，提升村民素养，由原来的政府管理主导向村规民约管理转变。通过公职人员带头、常态化的监督、考评和奖惩这些有效措施，巩固宜居乡村建设成果。

6.4 推进体制机制转型

一是在农村实施行政提效改革，政务服务触角延伸到农村，在新兴王家村、大洼镇小堡子等试点村的基础上，扩大范围，开始重新理顺职能，承接审批权限 45 项。

二是实施民生保障改革，在镇村综合开展社保、教育、计生、就业等 20 个方面配套改革。

三是实施体制机制改革。推进大洼镇、王家镇、唐家镇、田家镇"镇改街"工作，加快推进农村管理向城市管理转变。

四是推进要素保障改革，国有农场住宅用地流转改革进入实际操作阶段，这一工作将盘活农村闲置房屋的库存。同时，成立农垦集团，推进土地流转，完善国有农场运作机制和分配制度，从根本上解决农民利益和农村发展问题。抓住中小城市改革的契机，推进确定投资审批便利化、户籍制度、生态文明建设等 14 项改革任务，有效破解制约城乡二元结构的壁垒，构筑城乡融合发展长效机制。

6.5 推进产业发展工作

通过认养农业、特色农业和乡村旅游，组建农村全景产业链条，让大洼县农村生态经济体系朝着良性循环的方向快速发展，让农村产业一体化发展步入正轨。同时，注重利用镇村地域优势，挖掘历史文化传统，合理规划发展镇村现代农业、工业、旅游业、商业、金融业、交通运输业等产业，发展农村经济，增加农村财力，提高农民收入，为宜居乡村建设工作提供内生动力。

除此以外，大洼县旅游业也得到了极大的发展。中国盘锦冬季稻草艺术节在大洼盛大开启。中国盘锦 2015 冬季稻草艺术节于 2015 年 11 月动工建设，是由盘锦市政府、大洼县政府和唐家镇政府与鲁迅美术学院艺术团队、盘锦市美术家协会合力打造的一场稻耕文化艺术盛宴。2015 年 12 月 26 日开园以来已接待游客 5 万人次，日均游客 4000 余人。12 月末中央电视台《芝麻开门》栏目来录制现场节目后，盘锦稻草艺术受到全国关注，央视新闻、环球时报、中国新闻网等多家知名媒体竞相报道，盘锦的旅游知名度大幅提升。

七个展区：稻草塑形艺术区——十二生肖展区和艺术家作品参展区，让游客感受盘锦地域文化特色。稻草摆塑艺术区——以绿水岸现有农田为基础，集观赏和趣味于一体的大地稻作艺术。稻耕文化博物馆区——盘锦稻耕文化博物馆，农用拖拉机、收割机等农业用具，展示稻耕文化。稻草趣味体验区——"找稻幸福""迷宫""草船借箭"三个主题游乐区。冰雪运动体验区——以疙瘩楼水库为依托，开展冬季滑冰、滑雪等项目。冰上垂钓体验区——冰钓季系列活动。冰雪摄影展区——摄影爱好者优秀作品将在此区域进行展示。

参考文献

[1] 张伟. 大洼县城市管理综合行政执法问题研究 [D]. 沈阳师范大学博士学位论文，2016.

[2] 王浩. 盘锦市大洼县现代农业发展研究 [D]. 吉林大学博士学位论文，2015.

[3] 赵敬天. 盘锦市大洼县绿色农业发展问题研究 [D]. 吉林大学博士学位论文，2015.

[4] 赵蔚. 大洼县新型城镇化建设问题研究 [D]. 延边大学博士学位论文，2015.

[5] 张宝旺. 大洼县美丽乡村建设案例分析 [D]. 大连理工大学博士学位论文，2015.

[6] 胡成宇. 盘锦市大洼县农业转移人口就业状况调查研究 [D]. 大连理工大学博士学位论文，2015.

[7] 吴培. 盘锦市大洼县生态农业发展对策研究 [D]. 延边大学博士学位论文，2014.

讨论题

（1）白家村和北窑村如何进行自身村子建设，所走的是何种路线？这种做法是否具有可复制性？朱家村和石庙子村在示范村建设中，各自注重的是哪些方面，这些方面都起到了哪些作用？

（2）请试着总结，大洼县宜居乡村建设路线，主要在哪些方面做了哪些工作？

（3）大洼县宜居乡村的建设思路的创新点体现在哪些地方？

（4）分析大洼县宜居乡村建设对当地产业的发展影响。

附件　大洼县宜居乡村建设工作任务安排表

类别	工作内容及标准
全力做好宜居乡村建设规划	各镇、村要根据《全县宜居乡村建设发展规划纲要》和《镇（乡）村控制性详细规划》，做好相应的规划编制工作，确保规划覆盖率达到100%
全力推进环境治理工程	按照《关于全面推进乡村绿化工作的实施意见》要求，在旅游景点沿线、"四个一"工程、开发区、中心镇、居委会周边及城乡结合部等重点部位植树，植满栽严，对村内空闲隙地、现有坑塘进行绿化，增加区域绿量，实施植树造林180万株，树木成活率达到85%以上。同时，按照"一包到底"的要求，做好林木后续管护工作，巩固绿化成果
	引导村民在庭院内科学合理种植养殖，各乡镇根据实际制定庭院美化工作方案、院落种植养殖规划和村规民约。建立卫生监督制度，设立卫生监督员，对所辖家庭卫生、美化情况进行督促检查，配合相关部门指导村民做好院内外卫生治理工作，实现院落物品摆放有序、干净整洁，农作物种植矮化、美观，畜禽舍设置合理、无异味。建立卫生检查评比制度，对农村家庭环境卫生情况定期检查、评比，发挥典型的示范带头作用，家庭卫生合格率达到95%以上。利用各种载体活动和宣传手段，提升妇女群众参与环境美化和家庭卫生整治的积极性，培训妇女5万人次，引导教育妇女群众培养良好的生活习惯，不断提高庭院环境水平
	挖掘地方特色，按照统一标准、统一颜色、统一样式、简洁大方的标准，实施围（栏）墙建设，确保院落围（栏）墙完好，整洁美观，全面展现农村风貌
	建立日常保洁制度。定期对已有保洁员履职情况进行考核，确保村内垃圾定点、定时、分类收集，日产日清，保持环境整洁。同时，积极探索农村垃圾管理新途径，推进垃圾分类，探索公司化、专业化保洁模式，不断提高管理水平
	完善城乡垃圾收运体系，确保城乡垃圾收运体系正常运转，实现垃圾"户集、村收、镇运输、县转运、市处理"，确保无害化处理率达到100%。做好农村垃圾分类处理工作
全力推进环境治理工程	根据村内污水排放量，适当增加氧化塘数量，塘内栽植氧化效果好的植物，并定期进行养护清理，实现与边沟互联互通，保证净化效果。对氧化塘的建设进行科学规划设计，丰富观赏性水生植物种类，美化村内环境
	全面加强镇区建设。以每镇打造一条特色景观街路，景观街路要结合本镇规划、建设及产业发展实际，合力确定具体位置、建设规模，实施绿化、亮化、美化、修建景观小品、街心公园、游园等，带动镇区风貌不断好转。并不断强化镇区各类基础设施维修保养力度。全面加强镇区管理。严格落实镇区管理责任制，加大管理投入，保持环境卫生干净整洁，镇容镇貌规范有序。全面加强镇区服务，大力发展餐饮、住宿、家政等相关业态，扩大镇区居民消费需求，增加就业，优化镇区经济结构，促进镇区和谐
	加大田园周边环境治理力度，彻底清理田园垃圾，杜绝乱倾乱倒、污水乱排乱放问题

类别	工作内容及标准
全力推进环境治理工程	加强农村道德建设，营造风尚之美；加强村风民俗建设，延续人文之美；转变生活方式，保持环境之美；加强文化惠民建设，共享精神之美。实现道德素质明显提高、村风民俗更加文明、生活方式更加健康、精神生活更加丰富，全县广大农村文明程度和生产生活水平显著提高，社会主义核心价值观更加深入人心
	推广秸秆直接还田、保护性耕作、秸秆养畜、生物腐熟、秸秆气化、培育食用菌等综合利用技术，遏制秸秆违规焚烧和苇田烧荒，治理环境污染
	发挥新闻媒体的舆论导向与监督作用，在全社会开展秸秆综合利用的科普宣传，提高农民群众的科技文化素质，增强环保意识，为秸秆综合利用工作创造良好的社会舆论环境
全力推进基础设施建设工程	对全县主要道路铺装黑色路面，实现村内具备条件的主要道路100%黑色覆盖。路面宽度不少于3.5米，两侧路肩各为0.5米
全力推进基础设施建设工程	对村内边沟进行清理和疏通，实现全村各边沟互联互通，并与生态氧化塘相连，便于污水排放处理。坚决杜绝侵占边沟问题
	在全县实施入户桥建设工程，根据村屯房屋结构、样式、屋面颜色、经济基础等实际，科学设计入户桥，统一样式、规格、标准，实现美观实用
	在全县推开村屯文化广场建设工程，根据村屯实际，合理确定建设标准和建设规模，面积原则上不能低于1500平方米，科学规划建设位置。加大广场配套设施建设力度，安装路灯、座椅、体育器材，建设文化小品及10延长米以上文化宣传长廊，并栽植花卉植被，美化广场环境
	全力推进村党组织活动阵地建设工程。在一室多用的基础上。采取新建、改建和扩建等方式，建设集管理、服务、活动、办公等功能为一体村级组织活动场所，各村屯均建成上述场所，且面积不小于200平方米
	全面规范厕所改造工程，量力而行，继续推进改厕工作，积极引导厕所入户，实现院外厕所100%入院（或入户）、院内简易厕所100%拆除、无害化卫生厕所普及率达到100%
	加强畜禽粪便管理。村内散养户要有畜禽饲养圈舍，畜禽全部入院入舍圈养，道路旁、庭院外无畜禽粪便随意堆放
	进一步对规模养殖场畜禽粪便进行治理，根据养殖规模，建设符合环保要求的畜禽粪便贮存设施
	各乡镇均应建设畜禽粪便集中处理设施，安排专人负责散养户畜禽粪便收集、处理工作，确保处理设施发挥实效
全力推进基础设施建设工程	以解决农村困难群众的基本居住安全问题为目标，通过采取多渠道筹资、多形式实施、农民自建为主、政府适当补助、政策扶贫和社会参与等措施，有效改善农村困难群众生活条件
	积极向上争取资金，整村推进农房平改坡工作，实施村屯建筑立面改造，完成农房平改坡2万户，全面提升农房面貌，营造良好村屯环境
	对乡镇供水资源进行清理、整合，全面收回乡镇自来水经营权和承包权归政府所有，保证供水公益属性。全力推进大伙房输水配套工程向农村延伸工作

续表

类别	工作内容及标准
全力推进基础设施建设工程	解决饮水不安全问题,完成全部工程建设任务,不断提高广大农村居民饮用水质量,逐步实现农村供水城市化、城乡供水一体化
	在全面推进宜居乡村建设,实现各村屯均衡发展、普遍达标的基础上,充分发挥典型示范作用,切实加大对基础条件好、发展后劲足的重点村投入力度,大幅提高建设管理标准,全面实施一批环境优化、设施提升、功能完善、产业发展工程建设,推进村屯环境、建设管理、产业质量大幅提升,进一步提高全县宜居乡村建设水平
全力推进"五个一"工程	在全县农村全面推进燃气工程建设,4月底前具备条件的要完成建设,年底前实现燃气普及率达到100%。进一步加大农户燃气使用培训力度,宣传安全用气知识,保证农户安全用气
	积极探索村浴池长效运营机制,确保用得上、留得住。加大政府支持力度,对运营确实有困难的村可根据运营成本测算,采取适当方式补贴。积极引导经营者使用太阳能、燃气、型煤锅炉等环保型设备,探索限时错时营业经营方式,节能减耗,降低成本。鼓励经营者拓展经营范围,开展理发、拔罐、商品零售等服务,提高经营效益
	完善农村基层医疗卫生机构,实行乡村医疗机构一体化管理。每个乡镇有1所政府举办的卫生院,每个行政村建设1所公办村卫生室,使全县基本建成乡村一体、防治结合、分工合理的新型农村基层医疗卫生服务体系,2015年,80%乡镇卫生院达到标准化建设要求
	加强村屯标准化超市运行体系建设,定期对超市运行情况进行考核,确保更好地发挥服务农民的作用
	对全县客运路线、客运车辆进行集约化整合、公交化改造,并逐步延伸公交路线,实现全域公交化。构建"县至乡镇、乡镇至村屯"的城乡客运公交一体化网络
全力推进产业发展工程	注重利用镇村地域优势,挖掘历史文化传统,合理规划发展镇村现代农业、工业、旅游业、商业、金融业、交通运输业等产业,发展农村经济,增加农村财力,提高农民收入,为我市宜居乡村建设工作提供内生动力。经过3年时间的努力,全县村级集体年收入10万元以上的村有较大幅度增加
	要加大农村产业结构调整优化力度,推动整体农村经济发展。一是面向市场优化农业产业结构,重视农业科技进步,因地制宜,合理利用当地资源优势,促进区域农业产业结构合理分工与协调发展。二是充分利用镇村能源、交通、信息等优势,优化工业布局。调整产品结构,淘汰技术含量低、质量性能差、附加价值低的产品,加强技术改造,提高传统产品的质量与技能。三是大力发展现代农村服务业,提高服务水平和技术含量,健全信息咨询、发布等服务性组织,大力发展农村信息,金融、咨询、餐饮、旅游服务等行业,带动服务业整体水平提高
全力推进农村社会治安建设工程	开展乡村社会管理服务站、群防群治社会治安联防队、技防村建设及推广农村社会治安保险等工作,在农村健全落实社会治安综合治理领导责任制,建立完善矛盾纠纷排查化解、立体化社会治安防控、综治及平安建设信息化、平安文化宣传教育及考核奖惩等工作机制,形成点线面结合、人物技防结合、专群结合、打防管控一体化的农村新型社会治安防控体系

（吴志全）